A ECONOMIA COM RIGOR

Ilan Goldfajn e Fernando Dantas (Orgs.)

A ECONOMIA COM RIGOR

Homenagem a Affonso Celso Pastore

CENTRO DE DEBATE DE POLÍTICAS PÚBLICAS

PORTFOLIO PENGUIN

A Portfolio-Penguin é uma divisão da Editora Schwarcz S.A.

Grafia atualizada segundo o Acordo Ortográfico da Língua Portuguesa de 1990, que entrou em vigor no Brasil em 2009.

CAPA Ale Kalko
FOTO DE QUARTA CAPA Wilton Júnior/Estadão Conteúdo
PREPARAÇÃO Lígia Azevedo
REVISÃO Clara Diament e Huendel Viana

Dados Internacionais de Catalogação na Publicação (CIP)
(Câmara Brasileira do Livro, SP, Brasil)

A economia com rigor : Homenagem a Affonso Celso Pastore / Ilan Goldfajn e Fernando Dantas (Orgs.). — 1ª ed. — São Paulo : Portfolio-Penguin, 2020.

ISBN 978-85-8285-108-1

1. Economia - Brasil 2. Pastore, Affonso Celso, 1939- 3. Política econômica I. Goldfajn, Ilan. II. Dantas, Fernando.

20-34980 CDD-330.981

Índice para catálogo sistemático:
1. Brasil : Economia 330.981

Cibele Maria Dias - Bibliotecária - CRB-8/9427

[2020]
Todos os direitos desta edição reservados à
EDITORA SCHWARCZ S.A.
Rua Bandeira Paulista, 702, cj. 32
04532-002 — São Paulo — SP
Telefone: (11) 3707-3500
www.portfolio-penguin.com.br
atendimentoaoleitor@portfoliopenguin.com.br

SUMÁRIO

Parte III: Depoimentos

Parte IV: Entrevista

INTRODUÇÃO

Ilan Goldfajn e Fernando Dantas

A VIDA E A OBRA DE Affonso Celso Pastore são um exemplo emblemático da linha de pesquisa econômica baseada no rigor teórico e, principalmente, na busca incessante de uma análise criteriosa dos dados. No contexto da história do pensamento brasileiro, essa corrente muitas vezes minoritária se contrapõe às grandes narrativas sem adequada comprovação que marcaram nossa tradição intelectual.

Essa luta em prol da objetividade, da racionalidade e do teste empírico das hipóteses foi o tema que perpassou quase todas as apresentações do seminário realizado em homenagem aos oitenta anos de Affonso Celso Pastore, na sede do Centro de Debates de Políticas Públicas (CDPP), em São Paulo, em 6 de junho de 2019. São características da atuação profissional e da obra de Pastore que se tornaram importante linha mestra deste livro, baseado naquele evento.

Na ocasião do seminário, Marcos Lisboa e outros participantes resgataram a história da Faculdade de Ciências Econômicas e Administrativas da Universidade de São Paulo (USP), fundada em 1946 e berço intelectual de Pastore. Quase como por acidente, em torno de pesquisadores entre os quais se incluíam a historiadora Alice Canabrava e o estatístico Luiz de Freitas Bueno, a FCEA emergiu como uma escola de economia ligada ao que havia de mais moderno no mundo em termos de pesquisa, impulsionada pela paixão pelo rigor teórico e, em particular, pela comprovação empírica.

Foram recordadas histórias e peripécias dos economistas que, dos anos 1950 ao início dos 1970, com bases de dados bem mais precárias e metodologias naturalmente menos desenvolvidas, lutavam para dar bases teóricas e empíricas sólidas ao pensamento econômico brasileiro. Com destaque, obviamente, para o papel seminal de Pastore.

Rememorou-se também a tese de doutoramento de Pastore, na qual ele mostrou, com base em trabalhosa pesquisa de dados, que a teoria cepalina — base de muitas conclusões da escola econômica estruturalista — de que a produção agrícola tradicional não reagia aos preços estava simplesmente errada.

José Júlio Senna, por sua vez, buscou mostrar como a frustração de Pastore com a falta de instrumentos para controlar a inflação, na sua passagem pela presidência do Banco Central (BC) na década de 1980, está na raiz de boa parte das suas contribuições acadêmicas. Nos debates do seminário, e no capítulo escrito por Samuel Pessôa e Marcos Lisboa para este livro, lembrou-se como Pastore chegou próximo da fundamental Regra de Taylor, que guia a política monetária nos tempos atuais, antes da sua formulação.

Todo esse imprescindível trabalho de Pastore é fruto da orientação intelectual de um grupo inicialmente muito pequeno, mas extremamente aplicado e atuante, do qual ele participou e o qual fortaleceu desde sua juventude. Nele, incluíam-se economistas apaixonados pela busca, pela organização e pela análise racional de dados empíricos que servem de comprovação (ou não) para hipóteses rigorosamente formuladas sobre como o mundo de fato funciona.

Num país que tantas vezes se deixa levar pelo "pensamento mágico" ou por teorias atraentes sem qualquer respaldo na realidade, Pastore ajudou a plantar as sementes de racionalidade.

Este livro aproveita a excepcional qualidade das apresentações e das discussões durante o seminário, e o fato de que grande parte delas se concentrou exatamente nessa "celebração" da importância de dados como a contribuição fundamental de Pastore como acadêmico, consultor e homem público.

Sem esse arcabouço de pesquisa alimentando de forma constante e regular a formulação de políticas públicas, dificilmente o Brasil reencontrará o caminho do desenvolvimento econômico, em especial neste momento conturbado de nossa história.

Adicionalmente, este livro traz capítulos sobre contabilidade fiscal (assinado por Edmar Bacha), Banco Central (assinado por Arminio Fraga Neto), regime de metas de inflação (em artigos separados de Mário Magalhães Mesquita e Ilan Goldfajn). Trata-se de trabalhos sobre temas que marcaram a carreira profissional do homenageado, realizados por amigos e companheiros de jornada de Pastore especialmente para a celebração dos seus oitenta anos.

E há, por fim, os depoimentos de dois companheiros que conviveram com Pastore desde, respectivamente, a juventude e a adolescência: Antonio Delfim Netto e Celso Lafer. Como tantos outros textos deste livro, são testemunhos do rigor intelectual, do apego aos dados e à objetividade e da grande retidão de caráter de Affonso Celso Pastore.

PARTE I
A obra e a vida profissional

1
A estranha economia da USP, uma historiadora fora do lugar, um estatístico que admirava Marshall e Antonio Delfim Netto[1]

Marcos Lisboa

NAS DÉCADAS DE 1950 e 1960, a então Faculdade de Ciências Econômicas e Administrativas da USP, a FCEA — que em 1969 seria renomeada Faculdade de Economia e Administração (FEA) —, produziu um pequeno milagre, liderado por dois professores, Alice Canabrava e Luiz de Freitas Bueno. Na contramão da tradição dominante nas ciências sociais no Brasil, os dois e um conjunto notável de alunos se dedicaram a revirar arquivos, a coletar dados e a utilizar as técnicas então recentes da econometria para analisar a economia brasileira.

Alice Canabrava nasceu em 1911, formou-se na escola normal e foi aprovada em concurso para professora do ensino primário. Em seus primórdios, a USP oferecia bolsas de estudos para professores do ensino público, e assim Canabrava foi alu-

1 Uma primeira versão deste texto foi publicada em 21 jul. 2019, na *Folha de S.Paulo*.

na dos professores visitantes que formavam as novas gerações, como o historiador francês Fernand Braudel.

Em sua tese de doutorado, de 1942, a professora Alice, como era conhecida, revirou de cabeça para baixo a história da região do rio da Prata. O trabalho pioneiro destacou a relevância do comércio entre as colônias portuguesa e espanhola, quase sempre por vias ilegais, para o desenvolvimento da região. Canabrava revelou-se parte da liga dos historiadores de jaleco branco, aqueles que mergulham em arquivos para coletar dados e só então contar o ocorrido.

Seu trabalho surpreendeu. A tradição das ciências sociais no Brasil em meados do século passado, e da historiografia em particular, partia de uma tese; uma narrativa sobre o processo de desenvolvimento do país, com regras e lógicas que dariam conta de seu atraso. Em seguida, dados esparsos eram utilizados para justificar a tese geral. Mas Canabrava fez o inverso: buscou documentos, dados e evidências para contar o ocorrido com aquela região.

Quatro anos depois, Canabrava candidatou-se à vaga da cátedra em história da América, apresentando mais um trabalho cuidadoso e surpreendente, daquela vez sobre a indústria do açúcar na primeira metade do século XVIII. Obteve a livre-docência e a nota mais alta do concurso, mas foi preterida por decisão do presidente da comissão.

A jovem professora era rigorosa com a pesquisa acadêmica e com a moralidade. Canabrava não teve dúvidas e pediu para ser transferida da Faculdade de Filosofia, Ciências e Letras, atravessou o pátio e tornou-se professora de história econômica da então FCEA, inaugurada no mesmo ano, onde viria a orientar historiadores que nas décadas seguintes nos surpreenderam com pesquisas cuidadosas, como Francisco Vidal Luna.

De sua parte, Luiz de Freitas Bueno se formou pela Escola de Engenharia Mackenzie e obteve seu doutorado em estatística pela Universidade Federal do Rio Grande do Sul (UFRGS). Nomeado professor da FCEA na instalação da faculdade, ele foi se dedicar a estudar economia e econometria. "Tudo está em Marshall",[2] costumava dizer Bueno, segundo conta seu assistente Delfim Netto. A economia de Bueno começava com a microeconomia, a análise de como os preços de mercado equilibram oferta e demanda nas diversas circunstâncias.

Saber das circunstâncias, por sua vez, implicava a análise dos dados de cada caso. Era preciso levantar os números e aplicar as então novas técnicas da estatística, que fora revolucionada por Ronald Fisher, e da econometria, como sistematizada por Trygve Magnus Haavelmo.

Em seu doutorado, Bueno estudara as estimativas com equações simultâneas, mas depois ele se encantou com a econometria de séries de tempo, o que influenciaria seus alunos. O professor gostava mesmo de estudar e cuidar dos seus alunos e nos legou economistas incrivelmente curiosos, como Delfim Netto e Affonso Pastore, assim como muitos livros, doados à biblioteca da USP.

O par inesperado Canabrava e Bueno formou uma geração. Havia que se estudar detalhadamente as fontes primárias, enfronhando-se em arquivos de cartórios e de jornais para levantar dados e acontecimentos, defendia a historiadora. Também era preciso estudar a teoria econômica e as novas técnicas da econometria que permitiam formular conjecturas e testar hipóteses, defendia o estatístico que se descobriu economista.

O resultado dessa agenda de pesquisa foi um conjunto de

2 Alfred Marshall (1842-1924), economista inglês, considerado um dos fundadores da escola neoclássica de economia.

trabalhos que rejeitaram muitas das teses então dominantes sobre as causas do nosso subdesenvolvimento.

A produção acadêmica liderada por Canabrava e Bueno mudava radicalmente as regras da análise em economia no Brasil que predominavam então. Em vez de longas narrativas que dessem conta dos fatos estilizados do desenvolvimento brasileiro, a agenda de pesquisa da estranha faculdade queria formular, com base na teoria econômica, conjecturas precisas que pudessem ser submetidas aos testes da estatística.

Dessa forma, as narrativas ambiciosas poderiam motivar temas de pesquisa, mas o trabalho de verdade começava com o levantamento dos dados e o uso das melhores técnicas de estimação para verificar em que medida as teses sobreviviam aos dados disponíveis.

Antonio Delfim Netto formara-se técnico em contabilidade, o que na época permitia o acesso à faculdade de economia. Delfim foi assistente de Canabrava, e recorda-se das muitas horas pesquisando sobre notícias de escravos nos jornais do século XIX. Foi também assistente de Bueno, com quem descobriu Marshall e a estatística.

Em 1959, Delfim defendeu sua tese de livre-docência sobre a indústria cafeeira no Brasil. Nesse trabalho surpreendente e cuidadoso, ele levantou os dados sobre a evolução da produção de café, a oscilação do seu preço no mercado e seus impactos na economia brasileira. Delfim analisou as implicações dos acordos dos cafeicultores e das intervenções do poder público na valorização do preço do café no exterior e os reflexos na taxa de câmbio.[3]

"De boas intenções o inferno está cheio" poderia ser o sub-

---

3 Em artigo publicado na revista *Estudos Econômicos*, v. 50, n. 2, abr.-jun. 2020, sistematizo as principais contribuições de Delfim.

título de seu trabalho magistral. Durante a República Velha, o governo sistematicamente interviera para garantir a renda dos cafeicultores. Mesmo após a Revolução de 1930, o governo Vargas comprara sacas de café para serem destruídas, atenuando a queda da remuneração dos produtores locais e evitando que o excesso de oferta deprimisse seu preço no mercado internacional.

O resultado foi um tiro no pé. Os preços relativamente elevados do café durante décadas, graças à intervenção cara aos cofres brasileiros, mantiveram no mercado produtores ineficientes e valorizaram a taxa de câmbio, desestimulando o desenvolvimento da indústria local. Além disso, a política de valorizar o preço internacional do café terminou por incentivar o aumento da produção e os ganhos de produtividade em outros países. A relevância das exportações de café tornara o nosso governo refém dos interesses imediatos desses produtores, que se revelaram deletérios para o país a longo prazo.

Nos anos seguintes, Delfim, atento às novas pesquisas da academia internacional, estudou os modelos de crescimento econômico inspirados nos argumentos de Keynes na Teoria Geral, que fora tema da sua tese em 1963 para a cátedra de teoria do desenvolvimento econômico.

Superar o atraso passava pela expansão dos setores modernos da indústria. Delfim alertava à época, porém, que o crescimento econômico poderia resultar em crises nas contas externas em decorrência do aumento das importações. Um exemplo disso é seu artigo "Import Substitution: Foreign Investment and International Disequilibrium in Brazil" com Nathaniel Leff, publicado no *Journal of Development Studies* em 1966.

Aumentar a produtividade da agricultura e diversificar e ampliar as exportações brasileiras permitiriam enfrentar os recorrentes problemas nas contas externas, reduzindo a dependência do café e estimulando o crescimento econômico.

A relevância do desenvolvimento da agricultura nos trópicos fora sugerida a Delfim uma década antes por Eugênio Gudin, durante um seminário na Fundação Getulio Vargas (FGV). Gudin mencionou seu ceticismo sobre a política defendida por Juscelino Kubitschek de estimular o desenvolvimento da indústria local.

"Produzir carros é fácil", disse Gudin, segundo lembra Delfim. "Basta desmontar mil carros e remontá-los para que qualquer país aprenda a produzi-los eficientemente. [...] O desafio é domar a agricultura tropical, o que ninguém fez até agora."

Delfim explicou-me a razão do desafio: "Nas zonas temperadas, o frio do inverno destrói as pragas, o que não ocorre nos trópicos". Além disso, havia problemas no solo em diversas regiões do país, que dificultavam o desenvolvimento da agricultura, e as plantações das zonas temperadas não se adaptavam bem por aqui.

Na época, já existiam diversos institutos públicos dedicados à pesquisa científica para melhorar a produtividade agrícola no Brasil, como a Universidade Federal de Viçosa e a Escola Superior de Agricultura Luiz de Queiroz (Esalq), que já pertencia à USP. Essas instituições se beneficiavam da imigração de muitos professores europeus após a Segunda Guerra. Além disso, as fundações Rockefeller e Ford financiavam muitas bolsas de estudos para jovens doutores irem estudar no exterior.

Como ministro da Fazenda, Delfim conheceu Eliseu Alves, que estudara microeconomia e se especializara em economia agrícola. Eliseu defendia a formação de pesquisadores em programas de pós-graduação no exterior e era parte de uma equipe que via a necessidade de utilizar a pesquisa científica para desenvolver a agricultura no Brasil. Esse grupo, liderado pelo ministro da Agricultura Luiz Fernando Cirne Lima, constituiu, no governo Médici, um grupo de trabalho que resultou na criação da Empresa Brasileira de Pesquisa Agropecuária (Embrapa) em 1973, com José Irineu Cabral na presidência e Eliseu Alves na diretoria, e que apoiava a pesquisa para o desenvolvimento da agricultura.

O fim dessa história é bem conhecido. Novas técnicas de produção permitiram a expansão da agricultura tropical, como a inesperada produção de soja no Centro-Oeste e do café no cerrado de Minas Gerais. Nas décadas seguintes, a produtividade da nossa agricultura cresceu cerca de 300%, permitindo o barateamento dos alimentos e o aumento da pauta brasileira de exportações.

Em sua passagem pelo Ministério da Fazenda, Delfim teve o mérito de implementar uma agenda para expandir o crescimento e a diversificação da nossa pauta de exportações por meio do aumento da produtividade, como a maior abertura à importação de peças e equipamentos para a produção de bens, além do começo do desenvolvimento da nossa agricultura.

Delfim também cometeu diversos equívocos, comuns à época inclusive em países desenvolvidos, como os controles de preços para combater a inflação. Além disso, ele expandiu demasiadamente os subsídios em meio ao descontrole das contas públicas.

No desastroso governo Geisel que se seguiu, as lideranças trocaram alhos por bugalhos. Fecharam a economia ao comércio exterior, distribuíram incentivos por meio do Fundo de Amparo ao Trabalhador (FAT), induziram investimentos do setor privado e das estatais que se revelaram pouco produtivos e ampliaram os desequilíbrios fiscais.

O resultado foi uma imensa crise, com inflação crescente e anos de economia cambaleante, apenas interrompida no começo da década de 1990 com a abertura promovida pelo governo Collor e o ajuste fiscal que permitiu o Plano Real em meio às idiossincrasias do presidente Itamar Franco.

Affonso Celso Pastore foi assistente de Canabrava e de Bueno, além de aluno de Delfim. O senhor de origem italiana, de corpo grande e gestos gentis, ainda hoje acompanha como poucos os dados da economia. Contrariando seus oitenta anos, demonstrou uma vitalidade juvenil ao analisar os números de crescimento acelerado dos preços dos ativos em tempos de juros reduzidos e baixo crescimento da economia quando conversamos na época do seu aniversário em 2019.

Pastore comentou comigo seu temor de que estejamos em meio a uma bolha na economia mundial prestes a estourar, e a economia não tem andado fácil desde então. Seu entusiasmo com a análise da economia, em meio ao seu respeito quase religioso aos dados e ao estudo das novas técnicas da econometria, tira o fôlego dos mais jovens.

Conheço Affonso há décadas e sempre me surpreendo com sua integridade. O que vale é o que os dados dizem, mesmo que o resultado seja desapontador. Sua ética na vida privada em nada difere do seu respeito pelas evidências. Como Canabrava, Pastore não admite transgressões com a análise dos números — nem com a ética.

Pastore começou a aprender econometria com Bueno, e seus primeiros trabalhos utilizavam com extremo cuidado as estimativas de séries de tempo então disponíveis. Não havia ainda os testes de causalidade de Granger, nem as análises de cointegração. Sabedor dos problemas, ele tentava, por meio de análises que parecem intermináveis, verificar a correção das conclusões.

Nos anos que se seguiram, Pastore aprendeu por conta própria as novidades da econometria. Atualmente, ele se dedica a saber em que medida as conclusões do passado sobrevivem aos instrumentos de estimação mais recentes. Seu próximo livro utiliza as bases de dados agora disponíveis e as novas técnicas para testar as suas teses do passado e verificar se ainda sobrevivem. Errar não é problema para Pastore. Ser incapaz de identificar e reconhecer erros, porém, é indesculpável, a seu ver.

Sua tese de doutorado, defendida em 1969, revela muito da velha USP e da obstinação de Pastore. Na época, os economistas brasileiros, como os da maioria do resto do mundo, achavam que a agricultura era herança indesejada do passado. O setor atrasado não reagiria a preços, que podiam aumentar ou diminuir sem que isso influenciasse a quantidade de alimentos produzida. Haveria excesso de trabalhadores no campo, em boa parte improdutivos.

A visão convencional defendia que seria possível reduzir a população no campo sem que isso afetasse a produção de alimentos. Eles acreditavam que a migração dos trabalhadores do campo para as cidades e para a indústria poderia torná-los mais produtivos.

Desde os anos 1940, porém, Theodore Schultz discordava da tese dominante — inquietação que também motivaria os estudos de Pastore anos mais tarde. Embasado por muitos estudos microeconômicos repletos de dados, o norte-americano argumentava que a agricultura reagia aos preços como os demais setores da economia. Mais ainda: Schultz defendeu que a tese de que a agricultura dos países pobres tinha trabalhadores em excesso, improdutivos, estava equivocada. A solidez do seu argumento surpreende meio século depois.

A boa estatística requer testar hipóteses por meio de grupos de controle. Na medicina moderna, um grupo homogêneo de pessoas é separado aleatoriamente em dois grupos, sendo que um recebe a droga e o outro, o placebo. Assim, pode-se estimar o impacto dela sobre os pacientes. Esses experimentos nem sempre são viáveis na economia. Nas últimas décadas, testes semelhantes passaram a ser feitos na microeconomia, mas, na macroeconomia, isso não é possível. Assim, os estudos de econometria têm buscado desenvolver técnicas a fim de emular os grupos de controle para testar conjecturas, que visam simular a melhor estatística.

Eventualmente, porém, experimentos naturais são possíveis. Acidentes inesperados afetam comunidades semelhantes de forma diferente, permitindo realizar os testes desejados.

No começo dos anos 1960, Schultz observou que a gripe espanhola tinha resultado em mortalidade variada nas diversas regiões da Índia no fim da década de 1910. Essa doença devastadora extinguiu muitas vezes entre 4% e 8% da população, mas não deixou sequelas na população sobrevivente nem nos animais ou nas plantas. Passada a epidemia, restavam apenas menos habitantes, e muita dor pelos que haviam ido.

Schultz observou que a epidemia na Índia dizimou percentuais diferentes da população local nas diversas regiões. Comparando os dados nos anos anteriores e posteriores às mortes decorrentes da gripe espanhola, porém, ele constatou que a produção agrícola caiu na mesma proporção da população. Ao contrário da tese até então dominante, não havia mão de obra excedente na agricultura. Quanto maior a mortalidade de trabalhadores rurais, maior a queda da produção de alimentos.

Em meados dos anos 1960, Delfim liderou um grupo de pesquisa sobre a economia agrícola no Brasil. Seria verdade que a produção de alimentos não reagiria aos preços? Em que medida haveria excesso de trabalhadores no campo?

Pastore fez parte desse grupo de pesquisa, o qual, com base em dados agregados, mostrou que a tese dominante parecia pouco robusta. Aparentemente, a produção agrícola reagiria aos preços de mercado como qualquer outro setor.

Poucos anos antes, Delfim havia apresentado a Pastore o trabalho de Karl Popper, filósofo do positivismo alemão que tentara demarcar a fronteira entre a metafísica, os argumentos que se justificam por si sós, e a ciência, na qual as conjecturas devem ser avaliadas pela sua capacidade de dar conta dos dados. Teses bem definidas, segundo Popper, devem delimitar as condições em que podem ser desmentidas pelos fatos. Não se trata de poucos requerimentos. Cabe a quem propõe a conjectura estabelecer precisamente as condições de contorno e os resultados esperados que, caso desmentidos pela evidência, levam à sua rejeição.

Em 1968, Pastore pediu dispensa do seu cargo no Ministério da Fazenda para verificar se a tese de que a produção da agricultura não responderia aos preços de mercado seria válida no Brasil. Ele sabia de Popper graças a Delfim, aprendera sobre a econometria com Bueno e herdara de Canabrava o cuidado com os dados e as evidências.

Pastore ainda estudara os trabalhos de Schultz e as novas técnicas da econometria para além do que lhe ensinara Bueno. Durante uma temporada nos Estados Unidos, conversou com Arnold Harberger sobre os resultados preliminares da sua pesquisa, o que resultou em um convite para apresentá-los no Seminário de Economia Latino-Americana na Universidade de Chicago.

Daí veio sua tese de doutorado, defendida em 1969, que revelou o equívoco dos velhos argumentos desenvolvimentistas. A agriculta reagia aos preços de mercado, concluiu Pastore, embasado por imensa evidência empírica. Esses resultados são descritos no próximo capítulo deste livro. Nos anos seguintes, Pastore se dedicou a estudar a política monetária com o mesmo rigor com que se dedicara ao tema da agricultura.

O surpreendente departamento de economia da USP formou economistas notáveis, mas, sendo um corpo estranho na nossa academia, acabou sucumbindo à tradição dominante de muita narrativa e pouca análise empírica. Para piorar, tornou-se mais uma vítima do pouco conhecimento dos desdobramentos da pesquisa em economia nos demais países.

Foram necessários muitos anos para que a academia brasileira resgatasse o diálogo com a pesquisa econômica do exterior, além de analisar cuidadosamente os dados para testar conjecturas e formular propostas de política econômica. Pastore, porém, continuou a estudar, a contribuir com o debate público e a formar novos economistas.

Tenho por Affonso respeito e admiração. O professor grandalhão, com bigode curto e ética impecável, não para de estudar, não desiste do Brasil e não foge do debate. Fui seu aluno tardio. Pastore me ensinou, por meio do seu exemplo, o que se espera de quem anseia ter o privilégio de servir ao público.

2
Debate permanente com base na evidência empírica

Samuel Pessôa e Marcos Lisboa[1]

PASTORE PERTENCE A UMA TRADIÇÃO de profissionais de economia que nasceu com Eugênio Gudin e passou por Mário Henrique Simonsen e Delfim Netto. São profissionais formados no Brasil, que instruíram muitas gerações de economistas, estudaram com cuidado nossa economia, conciliaram a vida na academia, no setor privado e no serviço público, e mantiveram por anos colaboração regular na imprensa.

A primeira característica que marca a atuação de Pastore é o cuidado com que sempre separou sua atuação como servidor público de seus interesses privados. Tendo sido presidente do Banco Central no governo Figueiredo na primeira metade da década de 1980, período em que nossas instituições eram

1 Os autores deste capítulo agradecem a Carlos Antonio Rocca, José Júlio Senna e Marco Antônio Bonomo, pelos comentários feitos em uma versão anterior; quaisquer erros e omissões no texto são de responsabilidade dos autores.

muito menos sólidas do que são hoje, sempre transitou entre o serviço público e as atividades privadas de forma limpa, transparente e clara. Nesse, como em outros temas, não há zonas cinzentas para Pastore.

Uma nota curiosa é que sua passagem pelo Banco Central é pouco lembrada. Três textos que abordam o período — o capítulo de Dionísio Dias Carneiro no volume hoje clássico *A ordem do progresso*, cuja segunda edição, ampliada, é de 2014; o livro *Política monetária*, de José Júlio Senna, de 2010; e o recente *A moeda e a lei, uma história monetária brasileira de 1933-2013*, de Gustavo Franco, de 2017 — não registram o período de Pastore na presidência do BC.

Dois motivos talvez expliquem a omissão. Aqueles eram momentos de crise de balanço de pagamentos. Nossos problemas eram externos e de déficit fiscal. Apesar dos elevados níveis inflacionários observados à época, a inflação não era nossa maior preocupação. O segundo motivo é que a condução da política monetária pelo BC à época foi delicada e, diante das inúmeras restrições de um governo que perdia sustentação política em um regime em estado terminal, Pastore procurou tomar as decisões da forma mais eficaz possível, sem proporcionar choques adicionais para a economia. Foi como um juiz de futebol que pouco apareceu, mas que atuou de maneira precisa dadas as circunstâncias. Não é por outro motivo que as teorias de inflação inercial, segundo as quais todos os preços aumentam continuamente na mesma magnitude, surgiram naquele período.

A memória de sua passagem na presidência do BC encontra-se bem descrita na introdução de sua versão da história monetária brasileira, *Inflação e crises: O papel da moeda*, volume de 2014 editado pela Campus-Elsevier:

> O sucesso na superação da crise do balanço de pagamentos veio ao lado de minha frustração no campo da política monetária. Entrei e saí do Banco Central com a inflação oscilando em torno de 200% ao ano! Não é possível controlar a inflação sem uma âncora nominal que prenda o nível de preços, e nenhuma das duas âncoras até então experimentadas — o câmbio nominal e a oferta de moeda — poderia ser usada naquelas circunstâncias.

Como Pastore explica, o câmbio estava a serviço do ajuste do balanço de pagamentos e não seria possível recorrer exclusivamente à política monetária para estabilizar a inflação acima de 100% ao ano, como exemplificaram as experiências das economias latino-americanas e o caso israelense naquele período, bem como as hiperinflações europeias no começo do século XX.

Pastore foi professor ao longo de décadas. Em geral nas cadeiras de teoria monetária e de econometria. De fato, é como professor de econometria que ele parece gostar de ser reconhecido. Sua tese de doutoramento, defendida em 1968, "A resposta da produção agrícola aos preços", segundo informação do documento original, foi "apresentada à Congregação da Faculdade de Ciências Econômicas e Administrativas da Universidade de São Paulo, para o Concurso de Doutoramento da Cadeira III — Estatística I (Estatística Econômica e Econometria)".

Autor longevo — com cinco décadas de produção intelectual —, sua produção não é extensa, mas se caracteriza pela qualidade. Quando senta para escrever um trabalho que será divulgado, ele respeita os leitores. Somente escreve se há algo relevante a ser dito.

Sua carreira surpreende. Pastore começou estudando temas da microeconomia, como o impacto dos preços sobre a produção agrícola. Nas décadas seguintes, dedicou-se a temas da macroeconomia como a política cambial e a inflação, mal que nos afligiu por cinco décadas — de 1945 até 1994 — e do qual não estamos livres de reincidência. A Argentina, que fechou 2019 com 53% de inflação, ilustra o que pode ocorrer se o governo não conseguir avançar significativamente na consolidação fiscal.

A produção acadêmica de Pastore inclui inúmeros trabalhos publicados nas melhores revistas acadêmicas do Brasil, como a *Revista Brasileira de Economia*, *Planejamento e Política Econômica* e a *Revista de Econometria*. Também temos sua tese de doutorado sobre economia agrícola, de 1968, sua tese de livre-docência sobre temas monetários, de 1974 — oferta monetária, fatores condicionantes da expansão da base monetária, inflação, demanda de moeda e política monetária —, e *Inflação e crises: O papel da moeda*, que trata da história monetária brasileira desde o Programa de Ação Econômica do Governo (PAEG), nos anos 1960, com inúmeros testes empíricos. Recentemente, Pastore coordenou o volume *Infraestrutura, eficiência e ética* sobre regulação de infraestrutura, em que escreveu sobre dificuldades da licitação de concessão de serviços de utilidade pública em países com desenvolvimento institucional imperfeito.

Pastore tem enorme preocupação com a evidência empírica e não esconde sua impaciência com hipóteses, intuições ou argumentos que se mostrem refratários aos testes; tem ainda menos paciência com autores que escrevem muito e testam pouco.

O professor, descendente de italianos, por vezes "mal-humorado" apenas na aparência, formou gerações de economistas com suas aulas memoráveis, impecavelmente organizadas, que não raro terminavam em meio a palmas dos alunos.

O cuidado com a análise dos dados parece ter sido a tradição da escola de economia da USP nos anos 1950, em que a figura do professor de estatística Luiz de Freitas Bueno exercia enorme atração. Mesmo na história econômica, prevaleceu a pesquisadora e professora Alice Canabrava, que sempre praticou a historiografia que dava muito mais importância aos arquivos e aos dados do que à ensaística.

Com relação ao método, com algumas exceções, Pastore é um pesquisador que utiliza séries de tempo para analisar a evidência empírica sobre os problemas da nossa economia. Sua tese de doutoramento testa uma das hipóteses básicas do modelo proposto pela Comissão Econômica para a América Latina e o Caribe (Cepal), que tinha grande pessimismo com o desenvolvimento do setor agrícola e da agricultura em geral e considerava que a única fonte de progresso para o país era o crescimento industrial.

O pensamento cepalino ou estruturalista considerava que o setor agrícola, por ser "tradicional", não se comportava como os princípios da microeconomia básica e portanto não responderia muito a incentivos econômicos, diferentemente do setor moderno, mais mediado por cálculo econômico racional. Variações dos preços agrícolas, rezava a tese, não afetariam o total produzido.

Com a melhor estatística disponível à época, Pastore foi a campo testar se a tese sobrevivia aos dados. A resposta foi não. Ao contrário do que afirmava a Cepal, a produção agrícola reagia aos preços.

A pesquisa de Pastore tocava em outros debates importantes à época, como a relevância da política econômica na geração de seguidos choques negativos de oferta de bens agrícolas. Diversos analistas, como Eugênio Gudin, afirmavam que a elevada inflação de alimentos nos anos 1950 resultava dos estímulos da política pública a um processo precoce e disfuncional de urbanização. O campo se despovoava e a oferta de alimentos caía.

Na contramão de Gudin, os economistas estruturalistas associavam o atraso da agricultura à sua baixa produtividade e incapacidade de aumentar a produção, mesmo com a elevação dos preços dos alimentos.

Pastore testou a hipótese da resposta da agricultura a incentivos de preços analisando a produção das principais culturas para o mercado interno — algodão, cana, arroz, mamona, cebola, milho, amendoim, mandioca, feijão e fumo — nas diversas regiões do país.

Ele constatou que a resposta da produção agrícola — medida pela área plantada — era relativamente elástica. Mais elástica em São Paulo e menos elástica no Nordeste. Todos os resultados seguiam a previsão da teoria convencional, bem diferente da heterodoxia aqui dominante. Adicionalmente, as elasticidades obtidas não diferiam de valores obtidos em outros estudos para outras economias.

Pastore analisou com minúcia os problemas com os dados e utilizou as melhores técnicas disponíveis, relatando as dificuldades de um trabalho de série de tempo anterior aos estudos que tinham criado o conceito de cointegração e causalidade de Granger e tantos outros instrumentos cujos usos se tornariam correntes somente uma década e meia depois. O cerne da tese foi publicado em 1971, no terceiro fascículo do primeiro volume da revista *Estudos Econômicos*, da USP.

Em 1976, Pastore publicou com José Roberto Mendonça de Barros um raro trabalho integralmente teórico na *Revista Brasileira de Economia* (*RBE*), sobre um mecanismo assemelhado à hipótese da Cepal que relaciona a possibilidade de atraso dos países emergentes à produção de bens agrícolas e à suposta tendência decrescente dos seus preços. O trabalho analisou em que condições a modernização tecnológica na agricultura seria desestimulada pelos seus impactos tão significativos sobre os preços dos bens produzidos e sobre sua rentabilidade. Pastore e Mendonça de Barros mostraram que esse fenômeno apenas ocorria em condições muito restritivas, ainda mais se o mercado dos bens agrícolas fosse aberto aos mercados internacionais.

No mesmo artigo, Pastore e Mendonça de Barros indicaram que a imposição de tarifas de importação sobre bens manufaturados, ferramenta-padrão da estratégia de substituição de importações, acabava por valorizar o câmbio e desestimular a produção dos bens não beneficiados pela tarifa, em particular dos agrícolas. As dificuldades e o pessimismo com a agricultura no Brasil de meados do século passado talvez tenham sido mais resultado das políticas adotadas do que dos problemas estruturais do setor, como Pastore já havia mostrado em sua tese de doutoramento.

Pastore, Barros e Décio Kadota, no artigo "A teoria da paridade do poder de compra, minidesvalorizações e o equilíbrio da balança comercial brasileira", publicado na *Pesquisa e Planejamento Econômico* (*PPE*) em 1976, analisaram a desvalorização necessária da taxa de câmbio para garantir o equilíbrio das contas externas em decorrência do choque do petróleo e da maior taxa de inflação, em comparação com os demais países. Os autores utilizaram como controle a renda mundial, a renda doméstica, o preço em moeda doméstica dos produtos importados, corrigido pela política comercial, e o preço em moeda doméstica dos produtos exportados, corrigido pela política comercial.

O resultado foi que seria necessária uma desvalorização cambial de pouco mais de 80% para que as contas externas permanecessem no mesmo lugar. O câmbio deveria sair de Cr$ 7 por dólar americano para pouco menos de Cr$ 13. A elasticidade da renda de nossas exportações seria bem próxima de 1, bem maior do que achava a escola estruturalista.

Edmar Bacha, no artigo "Sobre a taxa de câmbio: Um adendo ao artigo de Pastore-Barros-Kadota", publicado na mesma *PPE* no ano seguinte, apontou incorreções na análise e concluiu não ter havido problemas na política cambial em 1973. Na resposta "Sobre a taxa de câmbio: Resultados adicionais e uma réplica à análise de Bacha", na *PPE* de agosto de 1978, os autores mostraram, aceitando todos os parâmetros de Bacha, que a desvalorização para equilibrar as contas externas seria de fato bem menor. No entanto, a baixíssima elasticidade do preço do petróleo requereria desvalorização bem maior do que a realizada: cerca de 38%, e não os 11% observados.

A reação da política econômica a choques externos, como o preço do petróleo, e seus impactos sobre a taxa de câmbio e a inflação se tornaram o tema de pesquisa de Pastore nas décadas seguintes.

Como o Brasil devia reagir a um choque de oferta negativo? Evitar o ajuste da política econômica poderia resultar em desequilíbrios que se acumulariam à frente e terminariam por sair mais caros quando chegasse a conta. Fazer o ajuste, por outro lado, poderia implicar severos custos a curto prazo — basta imaginar as consequências de desvalorizar o câmbio real em 38%, como seria necessário depois do choque do petróleo em 1973. Não surpreende a opção à época de financiar a conta do petróleo com empréstimos e iniciar um ambicioso programa de investimento para alterar a composição da oferta doméstica por meio do II Plano Nacional do Desenvolvimento (PND). Evidentemente, o resultado foi o crescente endividamento externo do país, que cobrou seu preço alguns anos depois.

Os choques de oferta também têm impactos sobre a inflação, e absorvê-los significa optar pela passividade da política monetária. Isso significa aceitar maior taxa de inflação temporariamente, na esperança de que o fenômeno se reverta uma vez passado o choque de oferta.

O primeiro trabalho de Pastore sobre a inflação foi publicado na *RBE* no primeiro trimestre de 1969, sob o título "Inflação e política monetária no Brasil". Ele estima a demanda por moeda e a resposta da velocidade de circulação da moeda às alterações do seu custo de carregamento, utilizando técnicas semelhantes às adotadas na sua tese de doutorado.

Nesse trabalho, estão presentes as mesmas dificuldades decorrentes das estimativas em séries temporais em uma época em que os conceitos de cointegração e toda a moderna econometria não tinham sido desenvolvidos. Pastore está ciente de que, em séries de tempo, elevada aderência estatística do modelo aos dados nada significa e é necessário cuidado com a autocorrelação dos resíduos. Dessa forma, recorre aos melhores instrumentos da época, como utilizar uma variável dependente defasada.

O trabalho conclui com o diagnóstico de inflação de custos para a desaceleração da economia em 1966 e sugere que medidas pelo lado do crédito ou mesmo fiscais poderiam compatibilizar a recuperação da economia com o combate à inflação.

Tipicamente nos tempos atuais, os bancos centrais somente combatem os impactos secundários dos choques de oferta sobre a inflação, isto é, seu repasse para os demais preços. Há, na análise de Pastore, uma conclusão que será retomada em sua tese de livre-docência: caso ocorra uma "inflação de custos", a política monetária deve buscar combater apenas seus efeitos secundários sobre os demais preços, sem subir juros ou controlar os agregados monetários para compensar a mudança dos preços relativos. Essa seria, pensamos, a leitura moderna do resultado de "inflação de custos".

Como usual, Pastore analisa com muito cuidado as dificuldades em estimar os impactos da política monetária e suas implicações. Qual é a taxa de crescimento nominal de moeda que estabiliza a inflação? Como se deve conduzir a política monetária? Hoje, após décadas de pesquisa, a resposta é operar com a taxa de juros em vez de controlar a oferta de moeda, e calibrar a política a partir de uma estimativa de taxa real neutra de juros e das expectativas de inflação. Ainda é complicado, mas é bem melhor do que antes.

Em 1973, Pastore defendeu sua tese de livre-docência, monumental trabalho sobre a dinâmica inflacionária brasileira, e publicou parte dos achados na *Estudos Econômicos*, no terceiro fascículo do terceiro volume.

A introdução da tese esclarecia a motivação do trabalho. Novamente Pastore dialogava com a escola estruturalista ou cepalina. Havia à época a hipótese de que a inflação na América Latina era fruto da estrutura produtiva. Grande rigidez produtiva — como seria o caso da baixa resposta da oferta agrícola aos preços, tese que foi rejeitada pela análise dos dados da sua tese de doutoramento — geraria o processo inflacionário. Combater a inflação por meio de "recessão" seria ineficaz e teria elevado custo social. Em vez disso, segundo a tese cepalina, seria melhor adotar medidas que elevassem a oferta e desobstruíssem a rigidez. Algo como, por exemplo, o II PND ou a nova matriz econômica.

A maior contribuição do artigo, e uma das maiores elucidações da tese, foi a análise minuciosa da oferta monetária e dos seus determinantes. Um trabalho detalhado a partir da consolidação dos balanços do Banco do Brasil, do Banco Central e dos diversos programas a cargo das autoridades monetárias.

Pastore documentou que o déficit fiscal foi o mais importante fator da expansão da base monetária dos anos 1950 até 1963. No período que se seguiu ao PAEG, a expansão da base foi determinada pela acumulação de reservas internacionais, em parte compensada pela emissão de títulos públicos. Outro fator importante para a expansão da base nesse período foram os empréstimos do Banco Central ao Banco do Brasil, por meio da famosa conta movimento. O trabalho deixa clara a complexa estrutura de defasagens entre a expansão do estoque de moeda e a inflação.

Adicionalmente, na tese e nos artigos, Pastore documentou existir forte relação e antecedência temporal entre a expansão da base monetária e a inflação, bem explicada por um modelo com defasagens.

Em dezembro de 1975, Pastore publicou na *PPE* um segundo caso raro de artigo teórico, "Gradualismo ou tratamento de choque", escrito com Ruben Almonacid — economista argentino brilhante, indevidamente esquecido, que Pastore conhecera durante sua visita ao país vizinho em 1972 e levara para a USP.

O artigo inovou ao propor que as expectativas podiam resultar em inércia inflacionária, problema que se torna maior quanto mais longo for o período de alta taxa de inflação. O trabalho antecipou em boa medida muitos dos aspectos dos planos heterodoxos para combater a inflação.

Nos anos seguintes, Pastore interrompeu sua produção acadêmica. Foi para o BC, depois voltou para a vida privada e iniciou a construção de sua consultoria, sem parar de estudar detalhadamente os avanços da macroeconomia e da econometria.

Nada melhor para avaliar a contribuição de Pastore do que sistematizar como esses temas eram então tratados pela academia e pelos gestores públicos, em especial os banqueiros centrais, os *practitioners* da política monetária.

Com a Primeira Guerra, teve fim o longo período conhecido por *pax britannica* e o regime de câmbio fixo baseado no padrão-ouro. Este, por sua vez, estabelecia um mecanismo simples, apesar de bem limitado e rígido, de administração da quantidade de moeda, determinado pela capacidade das minas de extrair ouro e pela demanda do minério para outros usos que não o de servir como padrão monetário.

Foram necessários setenta anos para a construção de regras para a política monetária atual, que não depende da oferta de ouro e em que o regime cambial permite que os choques externos sejam amortecidos.[2] O regime atual de metas de inflação resultou em menor custo para garantir a menor taxa e a estabilização da economia.

Entre o início da Primeira Guerra, em 1914, e o estabelecimento do regime de metas de inflação, ocorreram as hiperinflações europeias, a Grande Depressão, a tentativa de construção de um padrão monetário atrelado ao dólar, o fim do sistema de Bretton Woods e a grande inflação dos anos 1970 e início dos 1980 no mundo desenvolvido.

A inflação elevada era tema comum ao Brasil e a muitos países emergentes nos anos 1970. A academia e os bancos centrais não sabiam exatamente como operar o sistema monetário de forma a produzir pleno emprego com estabilidade de preços.

O regime de câmbio fixo da época podia permitir uma âncora nominal dos preços, mas teria que ser complementado por uma regra que controlasse a oferta de moeda. Foi o caso do

---

2 Essa história está contada na parte II de *Política monetária: Ideias, experiência e evolução* (Rio de Janeiro: FGV, 2010), de José Júlio Senna.

sistema de Bretton Woods, que tentava reproduzir características do padrão-ouro, tendo o dólar americano como moeda básica de troca, na qual desequilíbrios externos seriam saldados. O sistema era fechado com a manutenção de uma paridade entre a moeda americana e o ouro.

A grande dificuldade com os controles dos agregados monetários, porém, é a enorme variação da demanda ao longo do tempo, decorrente das sazonalidades, do ciclo econômico ou das mudanças estruturais ocasionadas pelas revoluções na tecnologia de meios de pagamentos.

O regime monetário convencional do século XX revelou-se muito difícil de ser operacionalizado. Restou aos gestores de política monetária descascar o abacaxi. Através de muita tentativa e erro, em meio a enorme pragmatismo, terminou-se por desenvolver o modelo atual de política monetária. Os economistas acadêmicos a posteriori descobriram e sistematizaram o procedimento dos homens práticos. O mesmo havia ocorrido com a termodinâmica, construída depois da primeira revolução industrial e do desenvolvimento da máquina a vapor.

Em 1990, Pastore publicou na *RBE* o artigo "Inflação e expectativas com a política monetária numa regra de taxa de juros". Nele, retoma o fio da meada do artigo de 1975 escrito com Ruben Almonacid e se pergunta: qual seria a política monetária ótima se a inércia inflacionária decorre de expectativas adaptativas que se aceleram e quando a função de reação do Banco Central é restrita à escolha da taxa nominal de juros?

Segundo Pastore, o Banco Central teria que reagir contrabalançando o efeito da inércia. A mesma resposta seria dada pelo economista norte-americano John Taylor, em um contexto diferente, três anos depois. Estabilizar os preços exigiria aumentar a taxa de juros mais do que proporcionalmente ao aumento da inflação. A originalidade de Pastore fica clara na bibliografia de seu artigo, em que são citados os poucos artigos sobre o tema naquela época, como o de Stanley Fischer sobre indexação e inflação, publicado no *Journal of Monetary Economics* (*JME*) de 1983.

Pastore fez a pergunta pertinente e derivou a relação entre taxa de juros e inflação para estabilizar o sistema, mas não derivou por completo as implicações de sua regra. No apêndice deste texto, demonstramos no contexto mais simples de seu artigo — expectativas adaptativas sem aceleração — essas implicações. Mostramos que elas atendem ao Princípio de Taylor, que reza que a resposta da taxa de juros à distância entre a inflação e a meta inflacionária é proporcional, com constante maior do que 1.

No começo dos anos 1990, não estava claro para a gestão da política monetária que uma economia poderia ser estabilizada por meio de uma regra de taxa nominal de juros e, muito menos, por meio do regime de metas de inflação. A termodinâmica ainda não havia sido escrita.

O Brasil, nessa época, enfrentava o desastre da inflação descontrolada. Tínhamos errado no Plano Cruzado, no Cruzado II, no Plano Bresser, no Plano Verão e no Plano Collor. Cada tentativa heterodoxa de estabilização fracassava, e o resultado era apenas uma inflação ainda mais elevada.

A sociedade sucumbiu ao processo inflacionário. A correção monetária e a oferta pelos bancos de inúmeros instrumentos de liquidez alternativos, que facilmente se transformavam em moeda, entorpeciam a sociedade e permitiam o andar trôpego da economia com inflação elevada.

A aparente normalidade resultou em teses estapafúrdias, como a que embasou o Plano Collor. A inflação seria produzida pela dívida pública de curto prazo que poderia ser convertida rapidamente em poder de compra. A solução desastrosa foi a renegociação compulsória da dívida pública para evitar a expansão do consumo, fruto de mais um plano heterodoxo de estabilização.

Em sua crítica ao plano Collor, no artigo "A reforma monetária do Plano Collor", na *RBE* de janeiro de 1991, Pastore aponta que não é a existência de ativos financeiros que podem ser rapidamente transformados em moeda que gera a inflação. A inflação descontrolada decorre do desequilíbrio fiscal em meio a uma política monetária sem uma regra como a de Taylor ou a que Pastore derivara no artigo de 1990.

Surpreendentemente, o artigo de Pastore de 1991 na *RBE* enfatiza o mecanismo de zeragem automática do BC e o controle dos agregados monetários sem se lembrar de sua regra derivada no artigo anterior. A termodinâmica ainda não fora escrita. Vale mencionar que o clássico artigo de Taylor seria publicado só em 1993.

Nos anos seguintes, Pastore se dedicou a estudar as complexas conexões empíricas das variáveis reais — emprego, horas trabalhadas, produção industrial — ao longo do ciclo econômico. Vem daí sua observação de que o emprego é a última variável que reage ao ciclo econômico no Brasil.

Em seu longo artigo "Déficit público, a sustentabilidade do crescimento das dívidas interna e externa, senhoriagem e inflação: Uma análise do regime monetário brasileiro", publicado no fascículo do fim de 1994 da *Brazilian Review of Econometrics*, Pastore documenta a relevância do imposto decorrente da inflação, a senhoriagem, para equilibrar a restrição orçamentária intertemporal do setor público no Brasil. Sem essa fonte de receita, não havia recursos para estabilizar a dívida pública.

Como nos anos 1950, nos anos 1980 e no começo da década de 1990, a inflação era essencialmente um fenômeno fiscal. A inércia inflacionária e os choques de oferta eram relevantes para o processo de aumento dos preços, mas a longo prazo o desequilíbrio das contas públicas era o fator determinante.

Muitas vezes o problema deixava de ser fiscal e se tornava puramente inercial. No entanto, o combate à inflação e a produção de um equilíbrio com inflação baixa recolocavam o problema fiscal. Este foi o caso, por exemplo, do primeiro mandato do governo Fernando Henrique Cardoso.

No artigo "Por que a política monetária perde eficácia?", do número de julho a setembro da *RBE* de 1996, Pastore analisa a menor eficácia da política monetária em razão da curta duração da dívida pública. No limite, se toda a dívida for pós-fixada, anula-se o efeito riqueza da política monetária e os aumentos da taxa de juros resultam em ganhos para os detentores da dívida. Nesse caso, uma política monetária contracionista requer um aumento ainda mais significativo da taxa de juros.

No artigo "Passividade monetária e inércia", publicado na *RBE* no fascículo do primeiro trimestre de 1997, Pastore exerce sua arte ao utilizar a econometria para tornar mais precisos os conceitos da teoria. Inércia inflacionária, por exemplo, pode ser uma propriedade dos dados ao longo do tempo da inflação. Os dados disponíveis podem ser um bom preditor da inflação esperada no futuro.

Quase todos os dados temporais da macroeconomia apresentam essa propriedade. No entanto, o regime monetário pode apresentar o problema conhecido como "raiz unitária": a inflação amanhã será a inflação hoje, a menos que haja um choque imprevisível. Nesse caso de raiz unitária, a melhor estimativa da inflação amanhã é exatamente a inflação hoje. Esta é a verdadeira inflação inercial.

Esse resultado já tinha sido obtido nos anos 1980 pelos economistas da Pontifícia Universidade Católica (PUC) do Rio de Janeiro que estudavam o assunto. A contribuição de Pastore foi mostrar que, nesses casos, a inflação parece anteceder a expansão da base monetária. Ao observador desatento, parecerá que é a inflação que causa a expansão da moeda, e não o contrário.

Como na famosa Crítica de Lucas[3] ao uso descuidado da econometria, as propriedades estatísticas das séries econômicas dependem das regras do jogo e de como os agentes econômicos reagem às mudanças. A macroeconomia que desconhece a microeconomia resulta em muita solução milagrosa que não demora a se provar falsa.

Pastore e Maria Cristina Pinotti publicaram na *RBE* do primeiro trimestre de 1999 o artigo "Inflação e estabilização: Algumas lições da experiência brasileira". Primeiro, os autores sistematizam os resultados dos textos anteriores sobre as características do processo inflacionário brasileiro e as razões do sucesso do Plano Real. A segunda parte mostra a limitação do plano e a necessidade de uma reforma fiscal e cambial. O artigo veio a público na época da crise do regime de câmbio fixo do primeiro mandato de FHC, que resultou no regime de metas de inflação com câmbio flutuante em meio a uma consolidação fiscal de 3% do PIB.

Quase vinte anos depois, estamos no início de um novo governo que terá que fazer consolidação fiscal um pouco maior do que a realizada pelo segundo governo de FHC, algo da or-

---

3 Do economista norte-americano Robert Lucas, prêmio Nobel de economia. A Crítica de Lucas refere-se, resumidamente, a modelos econométricos que não levavam em conta que mudanças de política econômica podem mudar o comportamento dos agentes econômicos e, como consequência, as relações históricas observadas entres dados de determinadas variáveis.

dem de 3% do PIB, caso contrário a dívida pública continuará a aumentar.

Sabemos das consequências. Se não fizermos o ajuste fiscal, iniciaremos um longo processo de aumento da dívida pública (como proporção da renda nacional) e de redução do seu prazo médio. Nesse cenário, a política monetária perde eficácia e o custo de manter a estabilização dos preços aumenta. O resultado será retornarmos aos anos 1980.

Pastore sistematizou sua cuidadosa produção acadêmica no livro *Inflação e crises: O papel da moeda* (2014), sobre a história da política monetária brasileira desde o PAEG. Caso não repitamos os velhos erros, ele pode continuar a tratar de outros assuntos, como a regulação de serviços de utilidade pública, tema do último volume que organizou recentemente na presidência do Centro de Debates de Políticas Públicas (CDPP).

Nada melhor do que imaginar que os formuladores de política econômica aprenderam com Pastore a relevância da análise cuidadosa dos dados, e não repetirão os erros desastrosos dos amadores que durante tanto tempo conduziram a política macroeconômica.

Pastore iniciou sua notável carreira estudando os temas da microeconomia e da produtividade. O país que escolheu andar para trás, porém, tornou a política fiscal e monetária temas do dia, o que reflete nosso retrocesso. Com atenção à técnica, Pastore apontou os muitos equívocos, sendo um exemplo de ética e de seriedade acadêmica.

Quem sabe nestes tempos estranhos a criatividade das propostas superficiais da heterodoxia que ignora a evidência tenha sido deixada para trás e voltemos a tratar dos temas que Pastore estudou no começo da sua notável carreira: o desenvolvimento econômico e a eficiência microeconômica. As versões dos economistas da pílula do câncer deixaram demasiadas vítimas e bois no pasto, como ocorreu no lamentável Plano Cruzado II.

Apêndice

No artigo "Inflação e expectativas com a política monetária numa regra de taxa de juros" publicado na *RBE* de out.-dez. de 1990, Pastore se pergunta qual é a trajetória de juros nominais que estabiliza a inflação em um modelo com expectativas adaptativas. Como escreveu na página 508: "Além dos choques na oferta e na curva IS, e da estrutura autorregressiva de π provocada pelas expectativas adaptativas, a taxa de inflação variará inversamente com a taxa real de juros".

Segue, da equação 17 no texto, a equação da taxa real de juros que estabiliza o sistema:

$$r_t = \frac{b}{\beta}\left(\frac{1-\lambda}{1-\lambda L}\pi_{t-1} - \pi_t + \frac{u_t}{\beta} + \frac{z_t}{\beta}\right)$$

Nessa equação, r_t é a taxa real de juros; π_t é a taxa de inflação; b é a semielasticidade-juros da demanda agregada; β é a inclinação da oferta agregada; $1 - \lambda$ é a velocidade com que o erro de projeção da inflação é revisto; L é o operador defasagem no tempo; e z_t e u_t são respectivamente choques sobre a oferta agregada e sobre a demanda agregada (ou curva IS). O modelo foi construído para que a taxa de juros real de equilíbrio ou taxa neutra de juro seja 0.

Suponhamos que a sociedade deseja reduzir a taxa de inflação de π_t para $\bar{\pi}$, que é a meta de inflação. Dado o processo de formação de expectativas, é natural a autoridade monetária implementar a seguinte trajetória de desinflação:

$$\pi_{t+T} = \bar{\pi} + \lambda^T(\pi_t - \bar{\pi}),$$

para todo $T>0$. A inflação inicial, π_t, converge lentamente à meta com velocidade dada pela forma como as pessoas revisam as expectativas. Fica a pergunta: qual regra de taxa de juros produz essa trajetória de desinflação, na ausência de choques?

De acordo com a equação de Fisher, o juro nominal é o juro real somado à expectativa de inflação. Formalmente:

$$i_{t+T} = r_{t+T} + \pi^*_{t+T+1},$$

em que i_t é a taxa nominal de juros e π^*_t é a expectativa de inflação. Substituindo nessa equação a taxa real de juros e incorporando o processo de formação de expectativas adaptativas, temos a seguinte equação:

$$i_{t+T} = r_{t+T} + \pi^*_{t+T+1} = \frac{b}{\beta}\left(\frac{1-\lambda}{1-\lambda L}\pi_{t+T-1} - \pi_{t+T}\right) + \frac{1-\lambda}{1-\lambda L}\pi_{t+T}$$

O segundo termo da segunda igualdade decorre da regra de formação da expectativa e do impacto da trajetória da inflação dos períodos anteriores. Sob a hipótese de que $\pi_{t+T} = \pi$ para todo $T \leq 0$ e substituindo a trajetória de desinflação escolhida pela autoridade monetária, obtém-se:

$$i_{t+T} - \bar{\pi} = \left(1 + \frac{\beta}{b}\frac{1-\lambda}{\lambda}\right)(\pi_{t+T} - \bar{\pi})$$

Em cada período, a diferença entre a taxa nominal de juros e a meta de inflação é proporcional, com razão superior a 1, à distância entre a inflação observada e a meta. Essa regra corresponde ao Princípio de Taylor, formulado algum tempo depois.

Se lembrarmos que a taxa neutra de juros é zero, isto é, $\bar{r} = 0$, a trajetória da taxa nominal de juros pode ser escrita em uma forma que recupera a regra de Taylor:

$$i_{t+T} = \bar{r} + \bar{\pi} + \left(1 + \frac{\beta}{b}\frac{1-\lambda}{\lambda}\right)(\pi_{t+T} - \bar{\pi})$$

O juro nominal é o juro nominal de longo prazo, isto é, a taxa neutra de juros somada à meta de inflação, somado a um termo que depende do desvio da inflação corrente da meta inflacionária.

3
Da gestão de crise no BC à formulação de diagnósticos sobre a economia brasileira

José Júlio Senna

PASTORE PRESIDIU O Banco Central do Brasil de setembro de 1983 a março de 1985. Nas primeiras páginas de *Inflação e crises*,[1] ele manifesta sua frustração por ter comandado a instituição numa época de inflação elevada, na casa dos 200% ao ano, sem ter podido contribuir para a sua redução.

Em 2016, ao gravar seu depoimento para a coleção História Contada do Banco Central do Brasil, projeto iniciado no final da década de 1980 mediante convênio com o Centro de Pesquisa e Documentação de História Contemporânea do Brasil da FGV (CPDOC), e sabiamente retomado pelo então presidente Ilan Goldfajn, Pastore assinalou que ingressou no BC em meio a uma crise. "Fui o administrador dessa crise

1 Affonso Celso Pastore, *Inflação e crises: O papel da moeda*. Rio de Janeiro: Campus-Elsevier, 2014.

[...] e não propriamente um presidente de banco central", disse ele.[2]

Para compreender bem o significado e a extensão desse raciocínio é preciso lembrar aspectos importantes do ambiente internacional da época, no tocante tanto aos preceitos acadêmicos dominantes quanto ao próprio mundo dos banqueiros centrais, e recordar o arcabouço institucional predominante no Brasil.

No imediato pós-guerra, a larga aceitação das ideias keynesianas relegara a política monetária a um plano secundário. As sementes da mudança começaram a ser plantadas por Milton Friedman. Por mais de duas décadas, Friedman liderou uma série de pesquisas destinadas a convencer políticos, economistas e o público em geral de que a inflação constituía um fenômeno importante e que, ao contrário do keynesianismo, ele tinha uma solução a oferecer.[3]

A principal dificuldade enfrentada por Friedman e seus seguidores tinha a ver com o fato de que inexistia demanda pelo assunto no qual haviam mergulhado. Foi somente no final dos anos 1960 e início dos 1970 que a busca pelo tema efetivamente surgiu, em razão do aparecimento de inflação não apenas nos Estados Unidos, mas em outras economias avançadas. Quando isso ocorreu, uma nova teoria já estava toda construída e o monetarismo passou a ser visto mais seriamente.[4]

Ainda assim, e a despeito da vasta evidência empírica em

---

2 Banco Central do Brasil, *Affonso Celso Pastore*. Coleção História Contada do Banco Central do Brasil, v. 10, 2019. Disponível em: <www.bcb.gov.br/historiacontada/publicacoes/hc_bc_volume_10_affonso_pastore.pdf>.

3 Milton Friedman, *The Optimum Quantity of Money and Other Essays*. Chicago: Aldine, 1969.

4 José Júlio Senna, *Política monetária: Ideias, experiências e evolução*. Rio de Janeiro: FGV, 2010.

favor das teses de Friedman, mesmo no mundo acadêmico o convencimento estava longe de generalizado. Economistas de peso como Paul Samuelson, Arthur Okun, Walter Heller, James Tobin e vários outros tinham opiniões bem distintas das posições de Friedman. De modo geral, esses estudiosos tendiam a concordar com pelo menos uma (possivelmente com todas) das seguintes afirmações: a) a inflação tem origem em pressões de custo; b) políticas de rendas são altamente recomendáveis; e c) tentativas de derrubar a inflação por meio de restrições fiscais e monetárias são ineficazes.

Sobre quão desejável seria ter inflação baixa, talvez caiba lembrar o que disse Tobin na década de 1970: "é preciso uma pilha de triângulos do Harberger para preencher um hiato de Okun". Trata-se de uma alusão à ideia de que as vantagens de uma inflação baixa não compensariam os custos de desemprego necessários para obtê-la.[5]

Seguindo uma linha semelhante, em artigo conjunto publicado em 1978, Stanley Fischer e Franco Modigliani afirmaram não haver "evidência convincente dos custos econômicos da inflação capaz de justificar a crença típica — do economista e do leigo — de que a inflação representa um problema econômico sério, relativamente ao desemprego".[6] Note-se que naquela época a inflação já surgira com força nos Estados Unidos. A variação média anual do Índice de Preços ao Consumidor (IPC) foi de 8% no período 1975-9. Observe-se também que não se atentava para o fato de que os custos de aumento do desemprego geralmente provocados por programas de combate à

---

5 James Tobin, "How Dead is Keynes?", Cowles Foundation, discussion paper n. 458, 1977.

6 Stanley Fischer; Franco Modigliani, "Towards an Understanding of the Real Effects and Costs of Inflation", Weltwirtschaftliches Arquiv, 1978.

inflação costumam ser temporários, enquanto os benefícios de uma inflação baixa e estável tendem a ser permanentes.

Mais tarde, Fischer diria que, para os que tratavam a inflação como um "profundo problema social", os resultados de análises sobre os custos da inflação eram simplesmente "decepcionantes".[7] Quis o destino que, tempos depois, como presidente do Banco Central de Israel, Fischer viesse a ser o principal responsável por um bem-sucedido programa de combate à inflação naquele país. O ritmo de crescimento dos preços caiu de 5,5% em 2008 em Israel para 2% em 2013, último ano de Fischer como autoridade monetária israelense. Pouco depois, ele ia se tornar a segunda pessoa mais importante do banco central americano, o Federal Reserve (Fed), numa época em que, especialmente nos países desenvolvidos, se almeja inflação de 2% ao ano, num reconhecimento nítido das vantagens de uma inflação baixa e estável.

Em 1984, Robert Shiller acrescentaria que os custos da inflação eram consequências evitáveis do processo inflacionário. Incertezas quanto ao futuro do índice de preços desapareceriam se a economia fosse mais indexada. "Não precisamos eliminar a inflação para lidar com esse custo", disse ele.[8] Note-se que, alguns anos antes, o próprio Friedman se encantara com a ideia de indexação. Teve, porém, o cuidado de acrescentar que "seria muito melhor não ter inflação e cláusulas de correção monetária, mas a alternativa [de eliminar a inflação nos Es-

---

7 Stanley Fischer, "The Benefits of Price Stability", Price Stability and Public Policy, simpósio patrocinado pelo Federal Reserve Bank de Kansas City, Jackson Hole, Wyoming, 1984.

8 Robert J. Shiller, "Commentary", Price Stability and Public Policy, simpósio patrocinado pelo Federal Reserve Bank de Kansas City, Jackson Hole, Wyoming, 1984.

tados Unidos] não se mostrava disponível [no ano de 1974]".[9] Naquele tempo, os economistas não tinham a mesma consciência que têm hoje acerca dos sérios problemas causados pela indexação.

Foi lenta a convergência para o mundo dos bancos centrais de hoje. A questão cambial também ilustra essa lentidão. Revelou-se enorme a relutância em abandonar o sistema de Bretton Woods, de taxas fixas, "porém ajustáveis", além de controle de capitais, e que tinha na política monetária dos Estados Unidos a âncora de todo o regime. O sistema começou a ruir a partir do momento em que os Estados Unidos passaram a "exportar" inflação, dando margem a especulações sobre a desvalorização do dólar, numa época em que já se tornara difícil conter os movimentos internacionais de capitais.

Em 1973, boa parte do mundo aderiu ao câmbio flexível. De certo modo, foi um movimento involuntário, provocado por pressões de mercado, exatamente como mais tarde aconteceria conosco no Brasil. Tudo isso a despeito de vinte anos antes Milton Friedman ter deixado bem claras as enormes vantagens do regime flexível de câmbio.[10]

Se entre os países desenvolvidos foi bastante lenta a transição para o moderno mundo de bancos centrais, não caberia esperar que entre os emergentes fosse diferente. No Brasil, em particular, fomos lentos até mesmo para constituir o nosso banco central. Tentativas nesse sentido surgidas nos anos 1930 e começo dos 1960 não prosperaram. A resistência a algo

---

9 Milton Friedman, "Monetary Correction". In: Herbert Giersch, et al. *Essays on Inflation and Indexation*. Washington, D.C.: American Enterprise Institute for Public Policy Research, 1974.

10 Milton Friedman, "The Case for Flexible Exchange Rates" [1953]. In: *Essays in Positive Economics*. Chicago: University of Chicago Press, 1970.

inovador era enorme. E não apenas dos funcionários do Banco do Brasil. Como o BB era a fonte básica da emissão monetária, que cobria os déficits governamentais, não faltava quem defendesse o statu quo. Quando finalmente aprovada, em dezembro de 1964, a criação do Banco Central do Brasil mostrou-se uma obra inacabada.

A lei que criou o BC instituiu também o Conselho Monetário Nacional (CMN), supostamente para dar harmonia às ações da Fazenda e do BC. Com o tempo, tendo suas funções se desvirtuado, o CMN tornou-se fonte autônoma de aumento de despesa e dívida pública. Por meio de uma conta mantida pelo BC no BB, a chamada conta movimento, operações ativas deste último eram financiadas por emissão monetária. Sob esse arranjo, era difícil conter a criação de moeda, até porque o CMN chegou a ter mais de vinte integrantes, cada qual preocupado em assegurar uma boa fatia de crédito para o setor que representava. Na época, estávamos longe de pensar em juros como instrumento de política.[11]

Isso ajuda a compreender o arcabouço institucional vigente quando Pastore assumiu o BC. Política de rendas, bem alinhada ao pensamento por tanto tempo dominante lá fora, é outro elemento importante do quadro. O Conselho Interministerial de Preços (CIP) era responsável pelo controle de preços. Era considerada radical qualquer tentativa de argumentar que o controle de preços inibia investimentos e a inovação, passava uma falsa sensação de segurança e desperdiçava recursos reais da economia, pois definir preços era algo que o mercado poderia fazer sozinho.

Ainda com o propósito de remontar o cenário da época,

---

11 Maílson da Nóbrega, *O futuro chegou: Instituições e desenvolvimento no Brasil*. São Paulo: Globo, 2005.

cabe notar que, no final dos anos 1960, fora implantada uma estratégia de crescimento com dívida. Resquício de um pensamento largamente aceito no pós-guerra, no sentido de que, para crescer, era indispensável investir em capital físico e completar os recursos de poupança por meio de empréstimos externos, tal estratégia teve na política cambial seu ponto-chave. Um regime de minidesvalorizações cambiais, segundo o qual a desvalorização do câmbio nominal acompanharia o diferencial entre as inflações interna e externa, daria certo conforto aos agentes econômicos domésticos para buscar recursos no exterior. Uma vez implantada essa política, o câmbio real ficou praticamente estável por longos períodos. Contudo, a captação de recursos externos acabou indo muito além do previsto, pois os choques do petróleo de 1973 e 1979 alargaram em muito a necessidade de financiamento.

Como ilustram os gráficos a seguir, em 1973, a dívida externa total era de pouco mais de US$ 12 bilhões, sendo os setores público e privado responsáveis por parcelas semelhantes desse montante. Em 1983, ano em que Pastore assumiu o comando do BC, a dívida externa somava cerca de US$ 82 bilhões, sendo que o setor público respondia por cerca de três quartos desse total (Gráfico 1). Medida como porcentual do Produto Interno Bruto (PIB), a dívida externa passou de aproximadamente 18% em 1973 para perto de 50% em 1983 (Gráfico 2). Induzir o setor público, em geral, e empresas estatais, em particular, a buscar recursos no exterior era parte relevante da estratégia governamental.

Gráfico 1: Dívida externa — 1973-85 (em bilhões de US$)

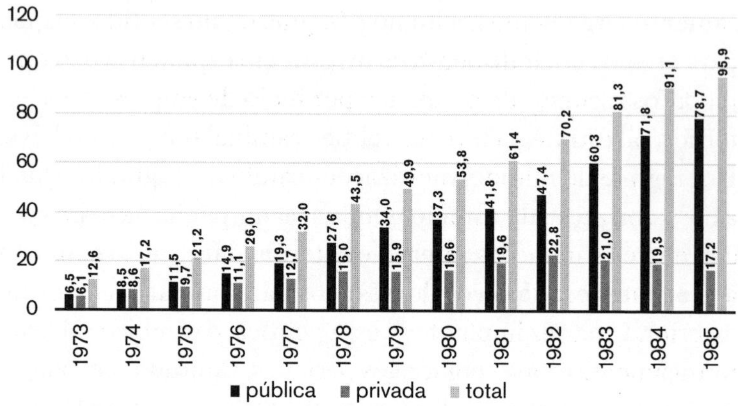

FONTE: Banco Central.

Gráfico 2: Dívida externa — 1973-85 (% PIB)

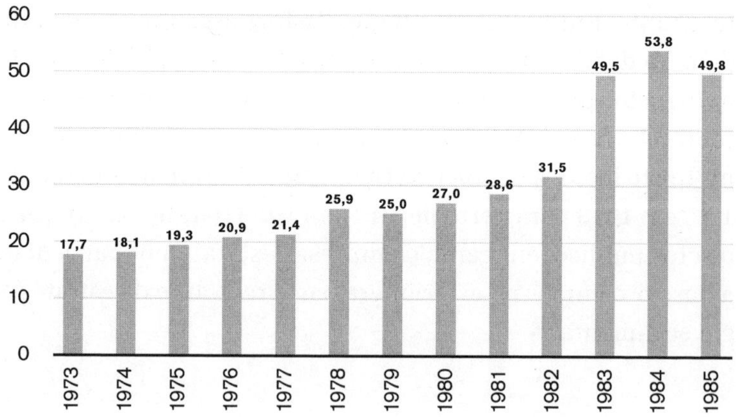

FONTE: Banco Central.

O endividamento externo excessivo fragilizou a economia. De modo geral, crises acontecem quando, tornada de algum modo vulnerável, determinada economia sofre os efeitos de um choque (monetário, por exemplo). Foi o que acabou ocorrendo. Na esteira da vigorosa política anti-inflacionária posta em prática pelo Fed a partir de 1979, os juros internacionais explodiram. Servir a dívida ficou difícil, ou impossível, não apenas para nós, mas para vários outros países. A oferta de crédito se retraiu. Sobreveio a crise.

Quando Pastore assumiu o Banco Central, a carência de reservas já havia forçado a instituição a centralizar a liquidação das operações de câmbio. A famosa Resolução 851, do BC, instrumento que determinou a centralização das operações cambiais, fora baixada no final de julho de 1983. O quadro era recessivo, embora, mais tarde, o Comitê de Datação de Ciclos Econômicos (Codace) viesse a definir que a recessão daquela época começara no primeiro trimestre de 1981 e terminara no primeiro trimestre de 1983. A inflação estava na casa dos 150% ao ano.

Cuidar das questões externas era a prioridade que se impunha, até porque um eventual alívio contribuiria para melhorar o quadro econômico interno. Nesse sentido, a maxidesvalorização de fevereiro de 1983 daria uma boa ajuda — a de dezembro de 1979 nem tanto, pois fora do tipo "compensatório", promovida para compensar os efeitos da retirada simultânea de certos subsídios às exportações e da redução de determinadas barreiras às importações. Por certo, tal ajuda não veio sem custo, representado pelo impacto inflacionário dessas mudanças cambiais, exacerbado pela indexação generalizada.

As negociações com os credores (bancos internacionais, fundamentalmente) tinham por objetivos: a) obter dinheiro novo para pagar atrasados e acumular um mínimo de reservas;

b) consolidar dívidas passadas, sob novas condições; c) manter as linhas de *trade finance*; e d) preservar o acesso a crédito no mercado monetário para bancos brasileiros.

Deixar a questão da dívida definitivamente para trás seria algo que só ocorreria no começo dos anos 1990. Os resultados da primeira fase, porém, foram suficientemente positivos para permitir ao país sair da recessão.

O Gráfico 3 mostra que, entre 1970 e 1980, o ritmo médio anual de crescimento real da economia brasileira fora muito bom, especialmente antes do primeiro choque do petróleo. De 1970 a 1973, a taxa média de expansão econômica ficara em 11,9%. De 1974 a 1980 fora de 7%. A recessão a que antes me referi alterou profundamente esse quadro, pois tivemos crescimento praticamente nulo em 1982 e taxas expressivamente negativas em 1981 e 1983 (−4,3% e −2,9%, respectivamente). Note-se como foi expressiva a recuperação econômica experimentada no biênio 1984-5. Nesses dois anos, o ritmo médio de expansão do PIB foi de 6,6%, bem próximo da média observada no período 1974-80.

Curiosamente, a forte recuperação da economia em 1984-5 não impediu uma extraordinária virada no balanço de pagamentos. De fato, como ilustrado no Gráfico 4, o resultado em conta-corrente, fortemente deficitário no período 1973-83 (−4,5% do PIB), mostrou-se equilibrado no referido biênio.

Gráfico 3: Taxas reais de crescimento do PIB (%) — 1970-85

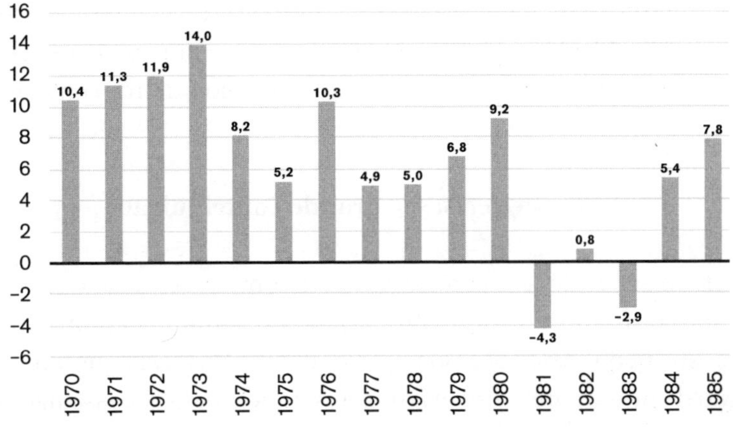

FONTES: Ipeadata; IBGE.

Gráfico 4: Transações correntes (% PIB) — 1979-85

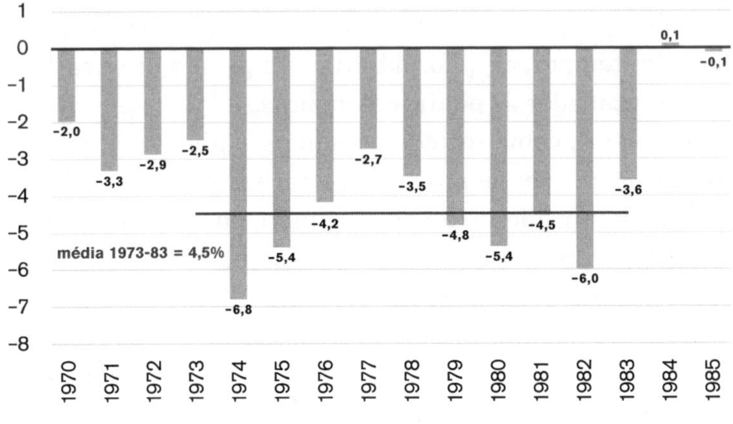

FONTE: Banco Central.

Independentemente da contribuição que outras áreas do governo possam ter dado para o ajustamento da economia pretendido pelo Banco Central, os números atestam o sucesso de toda a estratégia. Administrar crise com competência é certamente uma parte nobre do trabalho de banqueiros centrais.

Inflação e crises: a grande contribuição

A meu ver, na área macro, as grandes contribuições de Pastore estão reunidas em *Inflação e crises*. Os números apontados mostram que teve sucesso no desempenho da tarefa que a função de presidente do BC exigiu dele naquele período. Isso não o impediu, porém, de se confessar frustrado por não ter podido pôr em prática o que conhecia de política monetária. Os paradigmas da época, muito distintos dos hoje prevalecentes, e o arcabouço institucional do país não permitiram.

Do que Pastore tem dito depreende-se que partiu para pesquisas empíricas com espírito investigativo redobrado. Queria entender com profundidade as raízes das esquisitices do Brasil daqueles tempos, as quais o haviam impedido de se realizar como formulador de política monetária.

A meu ver, como sociedade, saímos ganhando. Primeiro, porque na crise pudemos contar com a competência e a dedicação do presidente do BC. Segundo, porque a frustração nele gerada pela experiência como banqueiro central o levou a produzir um livro extremamente importante.

O núcleo de *Inflação e crises* está contido nos três primeiros capítulos, nos quais o autor examina temas perfeitamente integrados. Tal coesão permite entender a essência dos entraves à condução da política monetária presentes naquele tempo.

O capítulo 1 traz uma revisão detalhada da política de estabilização e das reformas adotadas em meados dos anos 1960, com foco especial no PAEG. A reforma bancária inacabada a que antes nos referimos, da qual emergiu um banco central fraco, sem condições de exercer controle sobre a inflação, é examinada detidamente. A análise revela toda a complexidade do arcabouço institucional sob o qual operou o Banco Central do Brasil em seus primeiros anos de vida. Boa parte das dificuldades encontradas por Pastore, quando de sua experiência como banqueiro central, tem origem em medidas tomadas na década de 1960.

A criação do mecanismo de correção monetária e a evolução de todo o processo de indexação são discutidas em detalhe. De início percebida como engenhoso instrumento, capaz de facilitar o financiamento não inflacionário dos elevados déficits governamentais da época, a correção monetária passou a ter seu uso largamente disseminado. De aplicação inicialmente restrita a ativos financeiros, em pouco tempo o mecanismo passou a envolver salários, preços e taxa de câmbio. As complicações associadas à utilização generalizada da indexação são cuidadosamente examinadas, ficando muito bem explicada sua passagem de herói a vilão. As escolhas daquela época plantaram as sementes para o aparecimento de importantes fontes propagadoras da inflação, que passariam a dificultar sobremaneira o combate ao aumento dos preços.

O capítulo 2 parte justamente desse raciocínio. Na ausência de uma âncora confiável, o sistema de preços fica sujeito a situações em que a incidência de choques inflacionários deixa marcas que não se desfazem. Em outras palavras, os efeitos de choques não se dissipam. A cada novo evento desfavorável, a inflação adquiria patamar "permanentemente" mais elevado. Com o tempo, a tradicional causalidade de moeda para preços de algum modo se inverteu. O sentido da causalidade passou a ser de preços para moeda. A inflação seguia um caminho aleatório. Pastore mostra que, por trás de tudo isso, operava uma combinação perversa de indexação generalizada e passividade da oferta monetária, sendo que esta última característica já nos acompanhava havia algum tempo.

O capítulo 3 tem a ver com desequilíbrio fiscal, e procura esclarecer a razão pela qual déficits públicos elevados e persistentes não provocavam a explosão da dívida pública. A explicação se relaciona com o fato de que a autoridade monetária não confrontava a autoridade fiscal. Era uma situação de conflito zero entre os responsáveis pela condução da política monetária e os encarregados de administrar as contas públicas. A moeda respondia passivamente às ações do governo central. Colhia-se então mais uma das consequências da passividade da moeda. Assim estruturado, o sistema gerava uma senhoriagem suficientemente expressiva para impedir a "explosão" da dívida pública.

Neste ponto, é conveniente que se diga que Pastore chega a praticamente todas essas conclusões por meio de exercícios empíricos. Na verdade, essa é uma das grandes marcas de todo o trabalho de Pastore, característica esta igualmente apontada por Marcos Lisboa e Samuel Pessôa no segundo texto deste livro.

Os capítulos seguintes de *Inflação e crises* são igualmente ricos. Neles se destaca, mais uma vez, a preocupação do autor de dar base empírica robusta a suas argumentações. O capítulo 4 trata do papel das Letras Financeiras do Tesouro (LFTS), título de características incomuns. De um lado, sua introdução contribuiu para ampliar a liberdade de ação do BC, que poderia operar com menor preocupação com risco sistêmico. De outro lado, porém, o fato de que o retorno desses títulos era indexado à taxa de overnight produzia uma espécie de efeito renda, ou seja, diante de movimentos de aperto de política monetária, tais papéis davam mais renda a seus detentores, justamente o contrário do desejado pelos formuladores de política.

O capítulo 5 examina a primeira fase do Plano Real, com destaque para discussões sobre o papel da ancoragem cambial, dos problemas derivados da prática de juros reais bastante elevados, da ausência de esforço fiscal compatível com os objetivos do plano e dos fenômenos associados à valorização do câmbio real, traço marcante daquele período.

O capítulo 6 trata do regime de metas de inflação, com ênfase na difícil transição do governo Fernando Henrique Cardoso para a administração Lula. O capítulo 7 aborda a recente crise financeira internacional e seus desdobramentos. São examinadas as origens da crise, as reações das autoridades governamentais e as diferenças de resposta entre regiões, além de outros aspectos relevantes.

O capítulo final é dedicado a uma análise da política econômica praticada recentemente no Brasil e que acabou conhecida como "a nova matriz econômica". Pastore assinala o erro de diagnóstico de toda a estratégia. Ao contrário do que imaginavam os idealizadores, estímulo de política à expansão da demanda agregada era justamente aquilo de que não precisávamos. Pastore critica o excesso de ativismo e a volta de questões que se supunham superadas, como expansão vigorosa do crédito público, subsídios à margem do orçamento, preços reprimidos e incentivos a setores específicos sem justificativa aceitável.

O recurso a testes empíricos relevantes está mais uma vez presente nesse último capítulo. O trabalho mostra que, a partir de certo momento, a administração do BC passou a perseguir algo perto do limite superior da margem de tolerância, num claro abandono do objetivo primordial da autoridade monetária, representado pela busca da meta oficial de inflação. Indiscutivelmente, tal episódio constituiu uma má aplicação do conceito de banda num regime de metas de inflação.

Como é possível notar, o livro cobre praticamente todos os aspectos relevantes da macroeconomia brasileira nos últimos sessenta ou setenta anos.

Em suma, como formulador de política econômica, Pastore deu uma grande contribuição ao país, pois administrou o BC com competência, numa época de severa crise, agindo para tirar a economia de grave quadro recessivo. Como pesquisador, deu outra enorme contribuição. E nisso contou com a experiência adquirida no comando do BC, com a solidez de sua base teórica e com seus profundos conhecimentos de métodos quantitativos. *Inflação e crises* é realmente uma obra fundamental para todos os que se interessam pela macroeconomia brasileira.

PARTE II
Olhares sobre a política econômica

4
Bancos centrais: Desafios de nossos tempos, algumas implicações para o Brasil

Arminio Fraga Neto

AFFONSO CELSO PASTORE, homem público, economista de mão cheia, vem demonstrando coragem, competência e coerência através de décadas atuando como professor, pesquisador, pessoa pública, consultor e analista.

Sua honestidade intelectual e seu rigor analítico são de conhecimento geral, sempre acompanhados de uma prática nunca dogmática, e de uma notável capacidade de identificar que fatores importam a cada momento, a partir dos dados e de uma leitura abrangente da cena nacional.

Em períodos difíceis no Banco Central, muito pude me beneficiar das confiáveis análises de Pastore e seus colegas. Hoje, como consultor, Pastore permanece um analista atento desses tempos estranhos no mundo dos bancos centrais, que são meu tema neste capítulo. Que brasileiro acostumado à nossa longa história de inflação poderia imaginar que a grande maioria dos bancos centrais dos países avançados estaria tendo tanta dificuldade em inflacionar suas economias no período que se seguiu à Grande Crise Financeira de 2008-9?

Tal dificuldade caracterizou uma situação semelhante àquela chamada por Keynes de "armadilha da liquidez", caso em que a política monetária seria incapaz de estimular a economia. Em resposta a esse desafio, bancos centrais vêm explorando respostas não convencionais de política monetária, inimagináveis antes da crise. Destacam-se aqui o uso prolongado de taxas de juros próximas de zero (e até negativas), o uso de seus balanços através de compras de títulos, com o intuito de reduzir as taxas de juros de longo prazo e estimular os preços de outros ativos (por exemplo, ações e imóveis), e até mesmo intervenções no mercado de câmbio, visando a coibir a valorização cambial.

Outras características marcantes de nossos tempos têm sido a presença de ciclos financeiros recorrentes e de dimensão crescente, tendo inclusive atingido o centro do sistema na Grande Crise, e a cada vez mais acelerada onda de inovação financeira.

No Brasil, a partir do Plano Real e de seu fortalecimento com a introdução do tripé macroeconômico, o BC vem consolidando sua função de guardião da moeda, a despeito da fragilidade da política fiscal de 2014 a 2019. Nesse contexto, me parece bem-vinda uma revisão do arcabouço legal do Banco Central, tema que passo a explorar.

Objetivos para o Banco Central

Está em discussão no Congresso uma revisão da Lei 4595, com foco nos objetivos principais do Banco Central e sua governança. Ela inclui como objetivo do Conselho Monetário Nacional, e, portanto, do BC, "regular o valor interno da moeda, para tanto prevenindo ou corrigindo surtos inflacionários e deflacionários de origem interna ou externa". Parece-me um bom comando, pois menciona simetricamente inflação e deflação, e exemplifica algumas origens de desvios da meta a corrigir.

Mas dá para fazer melhor. Bancos centrais não possuem o poder de afetar de maneira permanente o nível de atividade ou seu crescimento, que dependem de poupança, investimento, educação, produtividade etc. Decorre naturalmente daí atribuir ao banco central a missão de zelar pela estabilidade de preços, hoje entendida nos principais países como sendo algo em torno de 2% ao ano, e aqui no Brasil em algo que caminha para 3%. Essa missão deveria ser reforçada na nova lei, deixando claro que o principal objetivo do BC deve ser a estabilidade de preços.

É interessante notar que, no desenho institucional brasileiro, a definição da meta para a inflação cabe ao CMN, no qual a autoridade fiscal tem maioria. Desta forma, ocorre naturalmente um incentivo à coordenação das atividades da Fazenda e do BC, como recomenda a boa teoria macroeconômica.

Em eventos recentes no Banco Central (marcando os vinte anos de metas para a inflação) e no CDPP (comemorando os oitenta anos do professor Pastore), levantei a ideia de incluir como objetivo secundário do BC a suavização do ciclo econômico. Concentro-me aqui neste tema.

A definição do que é exatamente o ciclo econômico não é relevante, desde que fique claro que se trata de diminuir a variância do nível de atividade econômica. Num mundo sem custos de ajuste e de transação, talvez fizesse sentido ignorar o ponto. Mas a variabilidade do PIB vem acompanhada de custos os mais diversos, incluindo, por exemplo, os de abrir e fechar negócios, procurar emprego, investir ou não, financiar ou não etc. — portanto, cabe a suavização. Gosto da redação que menciona o ciclo para que fique claro que o BC não deve nem consegue compensar cada pequena flutuação da economia. Mas daria para dizer na lei "suavizar as flutuações do nível de atividade". Bancos centrais mundo afora na prática buscam essa suavização, sempre deixando claro que não possuem o poder de afetar o nível de atividade ou emprego.

Como agem os bancos centrais? A boa teoria manda acomodar o impacto direto dos choques de oferta sobre o nível de preços (exemplo: a crise suína em 2019) e combater os efeitos secundários. Além disso, mesmo grandes choques de demanda recomendam algum gradualismo no ajuste, em função dos custos já mencionados. E há também a incerteza quanto à identificação do que é choque de oferta ou de demanda, temporário ou permanente etc. Portanto, a recomendação, bem amparada pela teoria estatística, vai na linha de ajustes graduais a desvios da meta de inflação, o que corresponde a suavizar o ciclo.

Como? Na prática, os bancos centrais analisam o quadro geral da economia da melhor maneira possível, e usam o intervalo de tolerância e o prazo de convergência para atingir seu objetivo de inflação a um custo razoável. Esse comportamento introduz um grau saudável de discricionariedade à condução da política monetária, sem prejuízo de, na média ao longo do tempo, se procurar atingir a meta de inflação.

Concluindo, no que toca à revisão da 4595, creio ser recomendável que a nova lei determine como objetivo *secundário* do BC a suavização das flutuações do nível de atividade da economia, por pelo menos três razões:

1. por uma questão de princípio e transparência: é bom que seja feito, já é feito, deve, portanto, ser formalizado em lei;

2. para evitar outras formulações equivocadas, como ter meta do BC para o nível do PIB ou para a taxa de desemprego;
3. para ocupar bem um espaço político importante, deixando claro à sociedade o que o BC faz, de forma a possibilitar a discussão e a avaliação do que se faz.

É importante registrar também que suavizar as flutuações no nível de atividade é bem diferente de suavizar a volatilidade da taxa de câmbio ou de outros preços de ativos. Essa suavização tende a mascarar a realidade e a estimular a especulação financeira, em geral dando prejuízo ao erário.

Por fim, sou inteiramente a favor de atribuir ao BC a responsabilidade pela estabilidade financeira. Tal tarefa deve enfatizar os aspectos sistêmicos, posto que muitos dos mecanismos de criação e propagação de risco são endógenos, o BC sendo parte relevante tanto na criação de riscos quanto na prevenção. Esse me parece um tema altamente relevante e ainda não plenamente resolvido na literatura.

Independência do BC

Entenda-se por independência a autonomia operacional do Banco Central para cumprir metas definidas em lei ou pelo governo (através do CMN). Essa autonomia é formalizada por meio de mandatos fixos e robustos para os diretores do BC, prática consagrada pela maioria esmagadora dos países democráticos.

A independência nasceu de um desejo de proteger os bancos centrais contra interesses políticos dos governos, tipicamente focados em horizontes curtos. Em linguagem mais acadêmica, a independência formal dos dirigentes dos bancos centrais representa uma maneira de se lidar com a questão da inconsistência intertemporal. As evidências históricas e empíricas sugerem que a independência desenhada dessa forma dá bons resultados.

No entanto, controvérsias vêm surgindo quanto ao conceito, motivadas por uma tendência recente à concentração de poder nas mãos dos bancos centrais. Como os bancos centrais vêm sendo cada vez mais vistos como a solução para tudo, eles acabam por assumir responsabilidades excessivas, que por sua vez podem resultar em perdas de cunho fiscal. Ora, faz todo sentido e é prática difundida incluir todos os gastos e riscos fiscais no orçamento. Trata-se de pilar fundamental de regimes democráticos. Como compatibilizar a independência do Banco Central com a boa qualidade do processo orçamentário? Uma possibilidade é incluir em lei a obrigatoriedade de consulta à autoridade fiscal em caso de decisão que enseje risco de perda fiscal superior a determinado valor.

Outro aspecto polêmico da independência dos bancos centrais diz respeito aos impactos distributivos de suas ações, em particular sobre as poupanças dos mais velhos. No Brasil, um primeiro exame das políticas de governo nas áreas monetária e creditícia sugere problemas. Em geral, os menores (em geral mais pobres) tomam empréstimos a taxas de juros muito altas, e remuneram mal ou modestamente suas aplicações (FAT, FGTS, poupança). Os maiores (em geral mais poderosos) tomam empréstimos a taxas mais baixas (especialmente do Banco Nacional do Desenvolvimento Econômico e Social, agora bem menos subsidiados graças à nova regra para a TLP, a taxa de longo prazo utilizada pelo banco de fomento), e aplicam a taxas de juros de mercado. Essa área carece de pesquisa mais rigorosa.

A independência não é, no entanto, uma panaceia, especialmente na América Latina, onde vários países que têm ou já tiveram bancos centrais independentes deixaram de ter. Merecem destaque os casos da Venezuela, onde em 1994 o presidente populista Rafael Caldera (um santo perto do chavismo que viria depois) forçou a demissão da competente Ruth de Krivoy, e da Argentina, onde em 2001 foi demitido Pedro Pou, o presidente do Banco Central durante o regime de conversibilidade (termo usado à época para a caixa de conversão do ministro Cavallo, que o demitiu em sua volta ao ministério). No caso brasileiro ocorreu também o conhecido episódio do afastamento de Denio Nogueira da presidência do BC pelo presidente Costa e Silva (que disse à época que era ele mesmo o guardião da moeda).

Sou a favor de uma revisão da Lei 4595, como espero ter deixado claro nos parágrafos acima. Mas ainda mais importante me parece ser uma revisão da Lei de Responsabilidade Fiscal, que, juntamente com a reestruturação das dívidas e finanças estaduais, foi dizimada a partir de 2014. Isso significa que todo cuidado é pouco, pois o tripé macroeconômico se encontra fragilizado na perna fiscal.

Instrumentos

A partir da Grande Crise Financeira e da subsequente crise europeia, os principais bancos centrais se viram pressionados a inovar na conduta da política monetária, em função da existência de limites naturais à queda da taxa de juros, conhecidos como *zero lower bound* (ZLB). Hoje o ZLB é entendido como o limite inferior para a fixação da taxa de juros pelo BC, e também por quanto tempo taxas de juros podem permanecer em níveis muito baixos ou até mesmo negativos sem efeitos colaterais adversos.

Para tanto, os bancos centrais vêm empregando instrumentos que incluem o uso de seus balanços para influenciar as taxas de juros de longo prazo (na prática encurtando o prazo médio do passivo consolidado do governo). Esse tipo de política foi descrito por autoridades como Ben Bernanke como das que não funcionam na teoria, só na prática.

Outros mecanismos foram testados com relativo sucesso nas crises da última década, e incluem a provisão de fundos de médio prazo para bancos comprarem títulos de seus governos a preços descontados em épocas de estresse, linhas de swaps entre bancos centrais e o uso de compromissos verbais de continuidade de taxas de juros baixas por "períodos extensos".

Parece razoável que haja previsão legal para que tais instrumentos façam parte do arsenal do BC, mas seu uso deve ser reservado a casos extremos.

No atual contexto brasileiro, em que o ZLB parece distante, não faz sentido que se siga o mesmo caminho. Políticas de manipulação de preços de ativos podem ter efeitos colaterais negativos, como o mau uso do capital e a formação de bolhas de preços ou de exageros na concessão de crédito.

Emprestador de última instância

A função de emprestador de última instância existe desde a origem dos bancos centrais. A despeito de, em conjunto com seguro de depósitos, tratar-se de fatores de prevenção contra eventos de pânico no mercado, como corridas bancárias, na realidade são também um fator de estímulo à tomada de riscos no sistema financeiro. Tais mecanismos estão por trás do extraordinário aumento da alavancagem em sistemas financeiros mundo afora nos últimos 130 anos.

Apesar desses riscos, que podem em parte ser controlados com maiores exigências de capital e provisões para perdas, parece claro que os bancos centrais precisam ter a seu dispor ferramentas para proteger o sistema e para lidar com crises, que inevitavelmente ocorrem.

No nosso caso, urge que se discuta e aprove o quanto antes uma nova legislação que dê conta das lacunas legais ora existentes, que impedem que o BC cumpra seu papel como emprestador de última instância.

Transparência e prestação de contas

No campo da comunicação, cabe ao BC deixar sua função de reação o mais transparente possível. Inúmeros canais vêm sendo usados pelos bancos centrais do mundo, inclusive pelo brasileiro. Além de se comunicar com especialistas, que em muito colaboram com o trabalho da autoridade através de estudos e críticas, é preciso se comunicar também com a sociedade. Isso deve ocorrer não apenas quanto à política monetária, mas também no que diz respeito às políticas regulatórias do BC que afetam a vida das empresas e das pessoas.

Finalmente, a prestação de contas que o BC já faz me parece suficiente, e representa hoje uma contrapartida essencial de futura independência formal que lhe deve ser concedida.

5
Carrego: Juros ou primário?

Edmar Bacha[1]

EM *INFLAÇÃO E CRISES: O papel da moeda* (Campus-Elsevier, 2014), Affonso Celso Pastore analisa os principais episódios da economia brasileira ligados à inflação e ao enfrentamento de crises, desde o PAEG em 1964 até a reação à crise internacional de 2008. Em "Desajuste fiscal e inflação: Uma perspectiva histórica", texto da antologia *A crise fiscal e monetária brasileira* (org. de E. Bacha, Civilização Brasileira, 2016, pp. 431-48), Pastore estende a análise dessas questões até 2016, com foco na sustentabilidade da dívida pública. É nesse contexto do aperfeiçoamento da política fiscal, tema tão caro a Pastore, que neste capítulo reavalio os papéis dos

1 Sem implicá-los nos resultados, o autor agradece, por comentários e sugestões aos participantes do seminário de homenagem a Affonso Pastore e a Alkimar Moura, Arminio Fraga, Carlos Kawall, Carlos Viana, Eduardo Loyo, Ilan Goldfajn, Marcos Mendes, Pedro Malan, Persio Arida, Rogério Werneck, além de muito especialmente Fernando Rocha, Joanilson Santos e Luiz Queiroz.

juros e do déficit primário na composição do déficit nominal do setor público brasileiro.

O déficit nominal do setor público foi de 7,1% do PIB em 2018, 1,6% do qual se deveu ao déficit primário e 5,5% se deveram aos juros.

Caso seja aplicada a proposta deste texto para uma contabilização alternativa do carrego dos ativos do setor público, o quadro muda de figura:

- A conta de juros cai de 5,5% para 3,7% do PIB;
- O déficit primário sobe de 1,6% para 3,4% do PIB.

Ou seja, em vez de ser 3,5 vezes o déficit primário, na alternativa proposta a conta de juros seria apenas 9% superior ao déficit primário.

Reduz-se, assim, o foco na redução da taxa Selic por motivos fiscais e coloca-se o foco na redução do carrego dos ativos governamentais, internos e externos.

Explicação

O carrego ou custo de carregamento dos ativos do setor público refere-se à diferença entre os juros recebidos pelo governo por esses ativos e os juros que ele economizaria caso os vendesse e usasse os recursos para reduzir a dívida pública.

Por exemplo, o carrego dos empréstimos do Tesouro ao Banco Nacional do Desenvolvimento (BNDES) é a diferença entre os juros que o Tesouro recebe do BNDES por esses empréstimos e os juros que ele paga na dívida pública que "lastreia" esses empréstimos.

O carrego das reservas internacionais do Banco Central é

a diferença entre os juros que o BC recebe pelas reservas (excluída a variação cambial, que é computada à parte) e os juros da dívida pública que "lastreia" essas reservas.

Associado ao carrego das reservas internacionais está o resultado das operações de swap cambial do Banco Central, o qual pode ser positivo ou negativo — e também faz parte da conta de juros líquidos do setor público.

Nas estatísticas do déficit público do BC (com a exceção que se discute mais adiante), o carrego pertence à conta de juros. Na proposta deste texto, ele passaria a constar do déficit primário.

Justificativa

A remoção do carrego da conta de juros e sua adição ao déficit primário reconhecem que uma coisa é o papel da taxa Selic e da correspondente estrutura a termo da taxa de juros no déficit público, e outra coisa é o custo do carregamento dos ativos do governo. Com certa liberdade semântica, abrangemos no conceito de custo de carregamento de ativos também o resultado das operações de swap cambial.

Dito de outro modo, uma coisa é o excesso de gastos sobre a arrecadação que resulta — ou deveria resultar — do processo orçamentário, e outra coisa é a conta de juros que resulta da interação entre o estoque de dívida e a política monetária.

A estatística oficial sugere a necessidade de um esforço extraordinário da política monetária para reduzir o peso dos juros no déficit público. Mas a realidade é distinta. O problema que requer atenção é de natureza parafiscal.

Trata-se dos custos da manutenção de empréstimos ao BNDES e das reservas internacionais, entre outros ativos, os quais poderiam ser abrandados por uma redução da taxa Selic, mas que em princípio deveriam ser tratados em seus próprios méritos.

Para caracterizar estatisticamente essa realidade, a proposta é retirar o carrego da conta de juros e adicioná-lo ao déficit primário, pois se trata ou de subsídios a empréstimos internos ou de prêmios de seguros contra crises externas, que são da mesma natureza que outros itens no orçamento.

Dado o caráter híbrido do carrego, uma alternativa, não explorada neste texto, seria torná-lo um terceiro item na decomposição do déficit nominal, que passaria a constituir-se do primário (tradicional), do carrego e dos juros pagos sobre a dívida líquida.

Digressão analítica

A proposta explicita o custo do carrego, mas obviamente não altera a sensibilidade do déficit nominal a variações na taxa de juros da dívida. Em bom economês, a derivada parcial do déficit nominal (como proporção do PIB) em relação à taxa de juros da dívida continua sendo o valor da dívida bruta (em relação ao PIB). No final de 2018, a dívida bruta do setor público foi igual a 89,4% do PIB, como se vê na Tabela 1. Isso quer dizer que cada ponto percentual de redução da taxa de juros da dívida reduz em aproximadamente 0,9 ponto percentual o déficit nominal como proporção do PIB. Esse valor não se altera quando o carrego é transferido da conta de juros para o primário.

Tabela 1: Dívida bruta e ativos do setor público — dez. 2018 (% PIB)

Discriminação	Dívidas	Ativos
SETOR PÚBLICO	89,4	35,4
GOVERNO FEDERAL	56,8	13,1
Dívida mobiliária em mercado	48,6	
Dívidas securitizadas	0,1	
Dívida bancária federal	0,2	
Dívida externa líquida governo federal	7,9	
Depósitos à vista e arrecadação a recolher		0
Recursos do FAT		4,5
Créditos a instituições financeiras oficiais		5
Aplicações em fundos e programas		3,2
Outros créditos do Governo Federal		0,4
BANCO CENTRAL DO BRASIL	**26,9**	**21,4**
Base monetária	4,4	
Operações compromissadas	16,5	
Depósitos no BC	6	
Demais contas do BCB (+-)		0
Reservas internacionais líquidas		21
Créditos do BC a instituições financeiras		0,4
GOVERNOS ESTADUAIS E MUNICIPAIS	**4,8**	**0,7**
Dívida bancária estadual	2,2	
Outros débitos	0,3	
Dívida bancária municipal	0,4	
Dívidas externas líquidas	1,9	
Depósitos à vista e arrecadação a recolher		0,1
Outros créditos dos governos estaduais		0,6
EMPRESAS ESTATAIS	**0,9**	**0,2**
Dívida interna	0,7	
Dívida externa líquida	0,2	
Ativos internos		0,2

FONTE: Adaptado de "Dívida líquida do setor público", disponível no site do BC.

Para deixar isso claro, sendo N o déficit nominal, P o primário tradicional e J a conta de juros tradicional, então:

$$N = P + J$$

A conta de juros tradicional é igual à soma dos juros pagos pela dívida menos os juros recebidos pelos ativos (para simplificar, excluímos dessa conta o resultado dos swaps cambiais):

$$J = j.D - i.A,$$

em que i é a taxa de juros sobre a dívida; D, o valor da dívida; i, a taxa de juros sobre os ativos; e A, o valor dos ativos.

Logo, na estatística tradicional:

$$N = P + [j.D - i.A],$$

em que a conta de juros está entre colchetes.

A proposta em consideração consiste em remover o carrego, definido como (j – i).A, da conta de juros e adicioná-lo ao primário. Resulta então:

$$N = [P + (j - i).A] + j.L,$$

em que L = D – A é a dívida líquida, e em que o novo primário está entre colchetes. A nova conta de juros se resume ao produto da taxa de juros sobre a dívida bruta pelo valor da dívida líquida.

Na formulação tradicional, a derivada parcial de N em relação a j é igual a D. Na formulação alternativa, essa derivada é A + L, que é igual a D.

Situação atual

Atualmente, o BC computa o déficit primário nele incluindo parte do carrego dos ativos domésticos. Mais precisamente, a diferença entre a taxa de juros de longo prazo (TJLP) e a taxa subsidiada dos empréstimos do Tesouro já é parte do déficit primário.

Admitindo que esse procedimento se aplique ao conjunto dos ativos domésticos com taxas subsidiadas, a proposta aqui veiculada estaria satisfeita, no que se refere aos ativos domésticos, fazendo-se a substituição da TJLP pela taxa de longo prazo (TLP), que reflete o custo médio da dívida pública.

De acordo com informações gentilmente fornecidas pelo Departamento de Estatística do BC, dos 14,4% do PIB de ativos domésticos do setor público, resumidos na Tabela 1, ativos no valor de 12,3% do PIB beneficiam-se de taxas subsidiadas, os restantes 2,1% do PIB sendo remunerados a taxas próximas de mercado. São remuneradas a taxas próximas de mercado aplicações do FAT em títulos públicos; ativos do governo junto ao BNDES remunerados à taxa Selic; demais ativos do governo federal aplicados em títulos públicos; e parte dos ativos de governos regionais (disponibilidades) aplicada no sistema financeiro.

A mudança proposta deveria abranger todos os ativos vinculados a políticas governamentais, tais como FAT, fundos constitucionais e outros fundos e programas (fundos de desenvolvimento, Fundo de Financiamento Estudantil etc.), além dos empréstimos diretos aos bancos oficiais.

Restaria a aplicação de procedimento similar ao carrego das reservas internacionais e ao resultado das operações de swap cambial.

Impacto nas estatísticas do déficit em 2018

Nos termos da digressão analítica, e continuando a ignorar os swaps, com as complicações introduzidas na seção sobre a situação atual, o déficit nominal do setor público pode ser escrito como:

$$N = [D + A'(\text{TJ} - i_d)] + [A'(j - \text{TJ}) + A''(j - i_r)] + j.L,$$

em que, além da notação já introduzida, A' são os ativos domésticos subsidiados, i_d é a taxa subsidiada desses empréstimos, TJ = TJLP, A" são as reservas internacionais, e i_r é a taxa de juros sobre estas reservas (excluída a variação cambial).

O primeiro termo entre colchetes é o déficit primário como calculado pelo BC, e o segundo termo entre colchetes (mais o resultado dos swaps) é o valor a ser adicionado a esse déficit primário, na proposta deste texto.

Nas estatísticas do déficit público de 2018, a proposta consiste em retirar da conta de juros e agregar ao déficit primário:

4. a diferença entre a taxa de juros da dívida e a TJLP multiplicada pelo valor dos ativos domésticos subsidiados, mais:
5. a diferença entre a taxa de juros da dívida e a taxa de juros sobre as reservas internacionais multiplicada pelo valor dessas reservas, mais:
6. o resultado das operações de swap cambial do Banco Central (adicionado ao déficit primário, se negativo, ou dele subtraído, se positivo).

Utilizamos os seguintes parâmetros:

- TJLP = 6,7%

- Taxa de juros da dívida = taxa implícita de juros sobre a dívida do setor público = 8,1%
- Taxa de juros sobre as reservas internacionais = 1,17%[2]
- Valor dos ativos domésticos subsidiados = 12,3% do PIB
- Valor das reservas internacionais = 21% do PIB
- Resultado das operações de swap cambial = −0,2% do PIB

Conclui-se que o ajuste a ser feito é igual a:

$$(0{,}081 - 0{,}067) \times 12{,}3 + (0{,}081 - 0{,}0117) \times 21 + 0{,}21 =$$
$$= 0{,}17 + 1{,}46 + 0{,}21 = 1{,}8\% \text{ do PIB}$$

A TJLP é a média anual das taxas trimestrais divulgadas pelo BNDES. A taxa implícita de juros sobre a dívida bruta do setor público é valor gentilmente calculado pelo Departamento de Estatísticas do BC. Trata-se de taxa um pouco inferior à taxa implícita de juros sobre a dívida do governo geral (divulgada pelo BC), que foi de 8,3%, devido principalmente à dívida do setor público incluir a base monetária, que não é parte da dívida do governo geral. O governo geral inclui a União, os estados e os municípios. O setor público a eles adiciona o Banco Central e as empresas estatais (exceto Petrobras e Eletrobras).

Os valores dos ativos domésticos e das reservas internacionais são retirados das estatísticas do BC, conforme sumariados na Tabela 1 (em que se suprimem os ativos/passivos intergovernamentais). De acordo com as estatísticas do banco, em 2018 o resultado dos swaps foi negativo para o BC em R$ 14,3 bilhões, equivalentes a 0,21% do PIB do ano.

As estatísticas do BC informam que, em 2018, o déficit no-

2 De acordo com o Relatório de Gestão das Reservas Internacionais do BC de março de 2019.

minal do setor público foi de 7,1% do PIB, com 1,6% se devendo ao déficit primário e 5,5% à conta de juros.

Na alternativa aqui proposta o déficit primário passaria de 1,6% para 3,4% (= 1,6 + 1,8) do PIB, enquanto a conta de juros passaria de 5,5% para 3,7% (= 5,5 – 1,8) do PIB — mantido o déficit nominal em 7,1% do PIB.

O grosso do ajuste se deve ao custo de manutenção das reservas internacionais, não só porque o valor dessas reservas supera o dos ativos internos, como também porque se supõe que parte do ajuste referente ao carrego dos ativos internos já seja feita nas estatísticas de déficit primário calculadas pelo Banco Central.

O custo de manutenção das reservas nas estatísticas do déficit público não inclui o impacto das variações cambiais sobre essas reservas. Em 2018, quando houve forte desvalorização do real em relação ao dólar, esse impacto foi significativamente positivo, igual a R$ 141 bilhões, ou 2,1% do PIB.[3] Esse valor contribui para a redução da dívida líquida do setor público (na conta de "ajustes patrimoniais"), mas não reduz o déficit, cujo cálculo é feito pelo critério de caixa e não de competência.

Em vez de os juros parecerem ser responsáveis por 77% do déficit nominal, como nas estatísticas oficiais, na alternativa proposta essa responsabilidade cairia para 52%.

Trata-se de estimativa preliminar, com dados agregados e algumas suposições sobre a natureza dos procedimentos estatísticos do BC. Exercícios futuros, com acesso aos dados mensais e à metodologia do BC, deveriam tornar mais precisos os valores aqui apresentados.

---

3 Conforme tabela "Resultado das operações cambiais", do BC, reproduzida no capítulo de Ilan Goldfajn neste volume.

Implicações de política

No caso do carrego dos ativos internos, a substituição da TJLP pela TLP nos cálculos do déficit primário pelo BC e sua aplicação a todos os ativos internos do governo resolveriam o problema aqui apontado, pois a TLP é uma boa aproximação da taxa implícita de juros sobre a dívida bruta do governo.

Trata-se, entretanto, de uma medida contábil — o problema concreto seria resolvido apenas se a TLP fosse de fato cobrada sem descontos nos empréstimos ora subsidiados pelo governo ou caso se reduzisse de forma expressiva o volume dos ativos subjacentes.

Quanto à contabilização do carrego das reservas internacionais e do resultado dos swaps, cabe apenas uma decisão de implementar a mudança aqui proposta.

Há certa resistência a explicitar no déficit primário esses custos, em primeiro lugar porque o ganho do governo com a valorização das reservas em reais, quando há uma depreciação do real em relação ao dólar, não é abatido do déficit nominal do governo — sendo contabilizado à parte, como ajuste patrimonial. Argumenta-se que, ao longo dos anos, acrescidos aos juros em dólares esses ganhos patrimoniais superaram os custos de carregamento das reservas e de perdas com os swaps.[4]

O ponto é relevante para o cálculo do custo total de manutenção das reservas, mas não é pertinente para o cálculo do déficit público, o qual, como assinalado, é feito no critério de caixa e não no de competência. A eventual adoção do regime de competência, adotado na contabilidade do setor privado, requer uma discussão mais aprofundada sobre a contabilidade do governo que fica para o futuro.

---

4 Veja-se o capítulo 7, de Ilan Goldfajn, neste volume.

Um segundo ponto deriva da especificidade do tratamento do Banco Central na contabilidade pública brasileira, na qual, ao contrário da norma internacional, ele aparece como parte do setor público não financeiro. No padrão internacional, o BC está fora do setor público não financeiro, e por consequência, o resultado global de suas operações afeta o resultado fiscal primário do governo quando das transferências, o que terminaria por contemplar a proposta indicada neste texto. Como esse não é o caso brasileiro, argumenta-se que a aplicação do mesmo critério na apropriação dos custos das reservas internacionais pode, se realizada de modo isolado, trazer prejuízos adicionais na avaliação fiscal. Por exemplo, os ganhos de senhoriagem teriam que ser considerados como receita primária, ao contrário do atual arranjo legal.

Esse segundo ponto é relevante para um cálculo mais preciso da receita primária, mas parece melhor tratá-lo no contexto de uma possível exclusão do Banco Central do conceito de setor público não financeiro (passando o Brasil a obedecer à norma internacional), uma vez aprovada a autonomia desse órgão prevista em proposta legislativa enviada pelo Executivo ao Congresso.

O argumento deste texto é que tanto o custo de carregamento das reservas internacionais como as perdas com os swaps devem ser tratados como prêmios de seguros que o governo se dispõe a pagar para diminuir os riscos de crises de balanço de pagamentos e de corridas contra o real. E, como prêmios de seguros, devem pertencer ao primário, e não à conta de juros.

Quanto à redução propriamente dita do carrego dos ativos externos, o previsto acesso do Brasil à Organização para a Cooperação e o Desenvolvimento Econômico (OCDE), provendo uma sinalização clara do compromisso do país com uma economia aberta, previsível, responsável e transparente, poderia dar oportunidade para duas medidas de maior vulto:

- A proposta há tempos veiculada por Persio Arida de dar plena conversibilidade ao real.[5]
- A participação do Brasil nas linhas de swaps entre os principais bancos centrais do mundo, criada em 2011 e tornada permanente em 2013.[6] A disponibilização para o BC dessas linhas de swaps tem ocorrido durante a pandemia do coronavírus. Sua manutenção no pós-Covid provavelmente irá requerer um ajuste fiscal relevante.

Ambas as medidas em princípio reduziriam a necessidade de manter reservas internacionais elevadas como as atuais.

Pode-se também pensar em reduzir o volume atual das reservas à medida que o ajuste fiscal em curso, associado a uma retomada do nível de atividade, promova uma progressiva redução da relação dívida/PIB, assim diminuindo o risco de "paradas súbitas" no fluxo de capitais externos para o país.

---

5 Cf. Persio Arida, "Ainda sobre a conversibilidade" e "Por uma moeda plenamente conversível", *Revista de Economia Política*, v. 23, n. 3, jul.-set. 2003, pp. 151-4 e 135-42.

6 A extensão do acesso às linhas de swaps dos principais bancos centrais aos maiores mercados emergentes e aos menores países industriais, que passem em teste de pré-qualificação associado ao acesso à Linha de Crédito Flexível (FCL, na sigla em inglês) do Fundo Monetário Internacional (FMI), é proposta em Beatrice Weder di Mauro e Jeromin Zettlelmeyer, "The New Global Financial Safety Net: Struggling for Governance in a Multipolar System", *CIGI Essays in International Finance*, 4 jan. 2017.

6 Política monetária e credibilidade

Mário Magalhães Mesquita

Conceito, definições e mensuração

Nas últimas décadas, Affonso Pastore tornou-se um dos principais consultores econômicos do país, e, nesse papel, um dos mais argutos e diligentes analistas dos desafios e dilemas da política econômica em geral, e da política monetária em particular. Seus relatórios têm oferecido uma crônica analítica dos erros e acertos — mais acertos do que erros, em minha opinião — do regime de metas para a inflação.

Um dos temas recorrentes nas análises de Pastore tem sido a questão da credibilidade e da eficácia da política monetária, que são o foco deste capítulo.

Credibilidade, seguindo a definição clássica de Blinder, se verifica quando o público acredita que o banco central fará aquilo que diz.[1] No regime de metas para a inflação, no qual a política monetária tem um objetivo simples, expresso por uma trajetória inflacionária predeterminada a ser perseguida, a mensuração de credibilidade usualmente se faz pelo acompanhamento das expectativas de inflação e de seus desvios em relação à meta. Expectativas podem ser medidas diretamente, via pesquisas de opinião pública, como a da Universidade de Michigan, nos Estados Unidos, em pesquisas junto a analistas especializados, como o relatório Focus, do Banco Central do Brasil, ou podem ser extraídas de preços de ativos (comparando-se o retorno de títulos indexados com não indexados). Bancos centrais críveis conseguem ancorar as expectativas de inflação à trajetória de metas, exceto por desvios ocasionados por choques de curto prazo — em geral considerando horizontes 24-36 meses à frente. Alternativamente, pode-se dizer que bancos centrais sob esse regime são críveis se conseguem ancorar as expectativas de inflação na meta e minimizar a sensibilidade das mesmas a surpresas inflacionárias de curto prazo.[2]

No caso brasileiro, vale notar peculiaridades importantes, antes de avançar na análise da experiência histórica. Uma delas é o horizonte relativamente curto das metas. Após um período inicial (1999-2001), as metas passaram a ser estabelecidas no ano T para o ano T + 2, sem definição para períodos posteriores. Apenas em junho de 2017 o horizonte foi estendido, com a definição das metas para 2019 e 2020 — mas, no momento em que escrevo, continua sendo fato que a meta não está definida para horizontes além de três anos. A outra,

---

1 Alan Blinder, "Central Bank Credibility: Why Do We Care? How Do We Build It?", NBER, Working Paper n. 7161, 1999.

2 Carlos Carvalho; Stefano Eusepi; Emanuel Moench; Bruce Preston, "Anchored Inflation Expectations", CEPR Discussion Paper n. DP13900, 2019.

correlacionada, é que ainda não chegamos a um patamar de meta de longo prazo. Houve, ao longo do tempo, recorrentes referências das autoridades ao padrão regional, de 3% (vigente em Chile, Colômbia e México), mas ainda não convergimos.[3] Note-se que nisso a experiência brasileira difere muito da prática de outros países da região que adotam o regime de metas: o Chile estabeleceu a meta permanente de 3% em 2001, a Colômbia em 2010 e o México em 2003, enquanto o Peru fixou sua meta, mais ambiciosa, de 2% em 2007. Nessas circunstâncias, a formação das expectativas inflacionárias no Brasil tem levado em conta não apenas as metas já anunciadas, mas também, em horizontes mais longos, as conjecturas de analistas e investidores sobre a trajetória futura das metas para a inflação.

Com vistas a examinar o grau de ancoragem das expectativas de inflação e a credibilidade do BC durante o regime de metas, vamos considerar seu comportamento durante o período 2004-19. O regime foi implementado em 1999, mas seus primeiros anos foram marcados por uma sucessão de cri-

---

3 O Brasil desperdiçou, em 2007 e 2009, oportunidades de travar patamares inflacionários mais baixos, quando a inflação havia se deslocado abaixo das metas, mas em ambas as ocasiões o governo preferiu privilegiar uma ilusória flexibilidade de curto prazo ao custo de ganhos de longo prazo. Ver, a propósito, as declarações do presidente do BC Ilan Goldfajn e do ministro da Fazenda Henrique Meirelles em 2017. (Flavia Lima; José de Castro, "A longo prazo, meta de inflação se aproximará de 3%, diz Ilan", *Valor Econômico*, 1 set. 2017, Disponível em: <www.valor.com.br/financas/4854368/longo-prazo-meta-de-inflacao-se-aproximara-de-3-diz-ilan>; Mariana Carneiro, "Meirelles diz que meta de inflação em 3% ao ano está gerando controvérsia", *Folha de S.Paulo*, 1 fev. 2017. Disponível em: <www1.folha.uol.com.br/mercado/2017/02/1854920-meirelles-diz-que-meta-de-inflacao-em-3-ao-ano-esta-gerando-controversia.shtml>.)

ses (a desvalorização de 1999, o estouro da bolha "pontocom" em 2000, a crise argentina de 2001 e a crise pré-eleitoral de 2002), em contexto de fragilidade do balanço de pagamentos e intensa volatilidade cambial, que acabava atuando de forma dominante sobre o processo inflacionário.[4] Assim, podemos considerar o período posterior, a partir de 2004, como o mais convencional dentro da vigência do regime, ainda que não tenha sido isento de dificuldades.

A experiência brasileira sob o regime de metas

A Figura 1 ilustra o funcionamento do regime, do ponto de vista do comportamento das expectativas, extraídas da pesquisa Focus.[5] Esse gráfico demonstra diversos momentos em que elas foram influenciadas por decisões e eventos relevantes para a política econômica.

O primeiro refere-se ao reforço da ancoragem das expectativas em torno da meta de 4,5% no período que vai de meados de 2006 ao final de 2007. Note-se que essa reancoragem implicou *elevação* das expectativas de inflação. A inflação vinha declinando, com uma política monetária prudente e em parte auxiliada por choques agrícolas positivos, caindo de 7,6% em dezembro de 2004 para um mínimo local de 2,96% em março de 2007. Nesse contexto, com tendência concomitante de redução do risco país e apreciação cambial, e com a economia

4 André Minella; Paulo Freitas; Ilan Goldfajn, "Inflation Targeting in Brazil Constructing Credibility under Exchange Rate Volatility", BCB Working Paper Series n. 77.

5 As séries são médias móveis, ponderadas pelo número de dias decorridos no ano e as expectativas de inflação no fim do ano seguinte e para a janela de 24 (36) meses no fim de dois (três) anos à frente.

Figura 1: Expectativas de inflação — janeiro

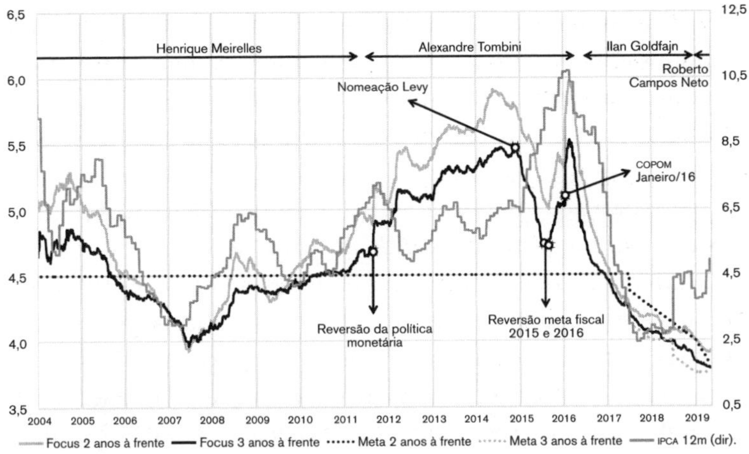

FONTE: Itaú Unibanco; Banco Central.

apresentando crescimento robusto, o governo optou, em junho de 2007, por manter para 2009 a meta de 4,5%, vigente desde 2005. A lógica, segundo o então ministro da Fazenda, era que a meta mais alta do que o esperado "garante juros menores".[6] Isso só teria sido verdade caso as expectativas tivessem permanecido inalteradas posteriormente, o que não ocorreu. Assim como a inflação corrente, as expectativas foram gradualmente convergindo para a meta, sem que o BC tenha visto nenhum aumento de grau de liberdade — o governo reincidiu na perda de oportunidade de travar ganhos desinflacionários em 2009, quando do estabelecimento da meta para 2011.

---

6 Guilherme Barros, "Só há uma meta de inflação, diz Mantega", *Folha de S.Paulo*, 1 jul. 2007. Disponível em: <www1.folha.uol.com.br/fsp/dinheiro/fi0107200712.htm>.

As expectativas, como aponta a Figura 1, seguiram ancoradas à meta de 4,5% durante o período que precedeu a crise de 2008 (marcado por forte alta dos preços de commodities, com elevação de cerca de 15% no primeiro semestre de 2008 do índice de preços de commodities do BC, o IC-Br), durante seu auge (entre agosto e dezembro de 2008, quando o real acumulou depreciação de 61% perante o dólar) e no período de recuperação (quando a Selic foi reduzida em 500 pontos básicos, para o mínimo local de 8,75% ao ano).

A aderência das expectativas à meta seguiu forte até o final de 2010, especialmente se considerarmos o horizonte de três anos. A ruptura viria com a decisão inesperada de reduzir a taxa básica, sem uma comunicação efetiva nem apresentação de uma justificativa convincente, em agosto de 2011.[7] Naquele período, a atuação do BC parecia, para muitos observadores, ser caracterizada pela busca de uma meta oculta, e não de 4,5%.[8] Mas a erosão da credibilidade não se deveu apenas a decisões de política monetária. Contribuíram, e muito, a progressiva deterioração da política fiscal e as intervenções diretas na formação de preços, notadamente de energia e combustíveis — estas últimas sugeriam fortemente que o governo preferia utilizar medidas não monetárias para controlar a inflação.

Utilizando testes estatísticos convencionais, não se pode rejeitar a hipótese de que o compromisso com as metas de inflação foi crível entre 2003 e 2010, e a partir de 2016, mas não no período intermediário.

---

7 Entre as análises dessa decisão de política monetária, não podemos deixar de destacar o relatório de Pastore que inclui a seguinte avaliação: "A meta de inflação foi abandonada, e o novo objetivo da política monetária é estimular o crescimento do PIB" (A.C. Pastore & Associados, *Metas de inflação: Recquiescat in pacem*, informe especial, 1 set. 2011).

8 Meta que foi estimada por Pastore em 5,5% (A.C. Pastore & Associados, *Qual a "verdadeira meta" de inflação?*, informe especial, 16 jan. 2013).

Tabela 1: Credibilidade do compromisso com as metas

Período	jan. 03-dez./10 Meirelles	jan. 11-jun./16 Tombini	jul. 16- Goldfajn/ Campos
Média (Expectativa do IPCA 3 anos à frente - meta)	0,087	0,6015	0,008
P-valor (H_0: média - meta = 0)	15,1%	0%	67,6%

FONTE: Itaú Unibanco.

A relevância da política fiscal e da orientação geral da política econômica para a credibilidade da política monetária seria reforçada pelo interregno ortodoxo de 2015. A nomeação de um ministro da Fazenda com sólidas credenciais de responsabilidade fiscal e uma aversão aos aspectos mais extremos do intervencionismo estatal que havia caracterizado o quadriênio 2011-4, em contexto de ajuste da política monetária (o BC havia voltado a elevar a Selic a partir de abril de 2013), logrou começar um processo de reancoragem de expectativas de inflação. Uma das características do interregno ortodoxo de 2015 foi a liberação de controles de preços: os itens gasolina, óleo diesel e energia elétrica residencial aumentaram 12,6%, 12,4% e 54,4%, respectivamente, nos doze meses até agosto de 2015. Nesse contexto, a inflação (IPCA pleno) acelerou de 6,41% em dezembro de 2014 para 9,53% em agosto de 2015, ao passo que as expectativas de inflação nos horizontes de dois e três anos recuaram de 5,57% e 5,25% para 5,01% e 4,72%, respectivamente, em parte como resultado da intensificação da recessão, mas também como consequência da adoção de um arcabouço de política econômica mais consistente.

Tendo em vista o impacto da recessão sobre a evolução das receitas e a dificuldade em cortar os gastos, o governo optou, em julho, por reduzir a meta de superávit primário de 1,1% para 0,15% do PIB, em decisão que foi vista, corretamente, como sinal de enfraquecimento do apoio político a um ajuste fiscal mais pronunciado. A partir desse momento as expectativas de inflação voltaram a se elevar, a despeito dos sinais cada vez mais evidentes de recessão — o PIB se contraiu cerca de 9% em termos anualizados no segundo trimestre de 2015 — e da continuidade do ajuste da política monetária, com elevação de 250 pontos básicos da Selic entre janeiro e julho.

Houve mesmo uma conjuntura, no segundo semestre do ano, em que os sintomas de dominância fiscal foram brevemente evidenciados.[9] Em uma primeira ocasião, declarações do Banco Central tidas como consistentes com manutenção de taxas de juros elevadas, que usualmente seriam favoráveis à redução da inclinação da curva de juros e apreciação cambial, tiveram o efeito contrário. Poucos dias depois, quando o presidente do BC tomou iniciativa no sentido de não sancionar o apreçamento de juros futuros, que previam elevação da taxa básica, o real se fortaleceu e a curva perdeu inclinação.[10]

Ao final de 2015 e no início de 2016, tanto o apreçamento dos mercados de ativos quanto as expectativas de inflação

---

9 A dominância fiscal é o cenário no qual o aperto monetário, efetivo ou esperado, é tido como algo que aumenta o risco de colapso fiscal e, consequentemente, de monetização da dívida pública no futuro, trazendo consigo uma *deterioração*, e não uma melhora, do cenário inflacionário prospectivo.

10 Eduardo Campos, "Juro real passa dos 9% com disparada de taxas no mercado", *Valor Econômico*, 10 set. 2015. Disponível em: <www.valor.com.br/financas/4217606/juro-real-passa-dos-9-com-disparada-de-taxas-no-mercado>; Alex Ribeiro; Leandra Peres; Eduardo Campos; Edna Simão, "Tombini esfria temperatura no mercado de juro e câmbio", *Valor Econômico*, 25 set. 2015. Disponível em: <www.valor.com.br/financas/4241512/tombini-esfria-temperatura-no-mercado-de-juro-e-cambio>.

passaram a refletir predominantemente a perspectiva de reorientação da política econômica, com adoção de uma agenda de consolidação fiscal e reforço da credibilidade do regime de metas após a eventual mudança de governo.

Outra forma mais rigorosa, e ainda simples, de se avaliar a credibilidade do BC é regredir, ao longo do tempo, a expectativa de inflação três anos à frente na meta e na variação do IPCA nos últimos doze meses. A ideia é que, quando o Banco Central tem credibilidade, a expectativa de inflação deve ser muito influenciada pela meta a ser perseguida e pouco afetada pela inflação corrente. Nessa regressão, o coeficiente da meta deve ser unitário e o da inflação deve ser zero. Coeficientes para a meta acima da unidade indicam disposição de conviver com taxas de inflação acima da meta, enquanto aqueles abaixo sugerem menor tolerância inflacionária.

Tabela 2: Credibilidade do compromisso com as metas em diferentes horizontes

Período	jan. 04-dez./10	jan. 11-jun./15	jul. 15-jun./16	jul. 16
Policy mix	BC crível Fiscal expansionista	BC não crível Fiscal expansionista	BC não crível Auge preocupação fiscal	BC crível Ajuste crível
Coeficiente das regressões: Focus 3 anos = a1 × meta + a2 × IPCA (ano/ano)				
Meta	0,8335	1,2180	0,665	0,9791
IPCA	0,1268	-0,0573	0,2083	0,0201
Coeficiente das regressões: Focus 2 anos = a1 × meta + a2 × IPCA (ano/ano)				
Meta	0,7004	0,567	0,5815	0,8937
IPCA	0,2678	0,4443	0,382	0,1029

FONTE: Itaú Unibanco.

A Tabela 2 ilustra diversos pontos sobre o funcionamento do regime no caso brasileiro. Verifica-se que o horizonte de dois anos é demasiado curto, dados os hábitos e as regras de indexação vigentes, para eliminar por completo os efeitos dos desenvolvimentos correntes. Ainda assim, fica aparente que a inflação corrente teve menor influência sobre a formação de expectativas entre 2004 e 2010, e a partir de 2016, do que no período intermediário.

Quando consideramos o horizonte de três anos, a estimativa do coeficiente da meta também incorpora, de certa maneira, a possibilidade de redução da meta, que foi latente em determinados períodos. Mesmo assim, fica claro que no período 2004-10 a meta tinha peso relevante, com grau razoável de ancoragem, e as surpresas com a inflação corrente tinham impacto limitado. No período 2011-5, o BC parece ter ancorado as expectativas na parte superior do intervalo em torno à meta. Com a deterioração fiscal, a inflação corrente ganhou mais relevância no processo de formação de expectativas. A credibilidade foi restaurada a partir de meados de 2016, quando o BC reafirmou o compromisso com a meta para a inflação e o governo anunciou um ambicioso, mesmo que gradualista, programa de consolidação fiscal.

A Figura 2 a seguir mostra a evolução dos coeficientes, em regressões com amostras móveis, desde 2004. Durante um longo período, as expectativas (no horizonte de três anos) estiveram próximas, mas, em média, um pouco abaixo da unidade, sinalizando credibilidade da autoridade monetária e a expectativa de que as metas eventualmente seriam reduzidas, retomando a convergência para o padrão regional. A figura mostra também dois períodos de descolamento das expectativas em relação à trajetória das metas, um coincidente com a decisão de política monetária de agosto de 2011 e outro com a deterioração do cenário fiscal e o aumento do risco de dominância ao longo de 2015. Já a evolução do parâmetro da inflação cor-

Figura 2: Regressão em janela móvel

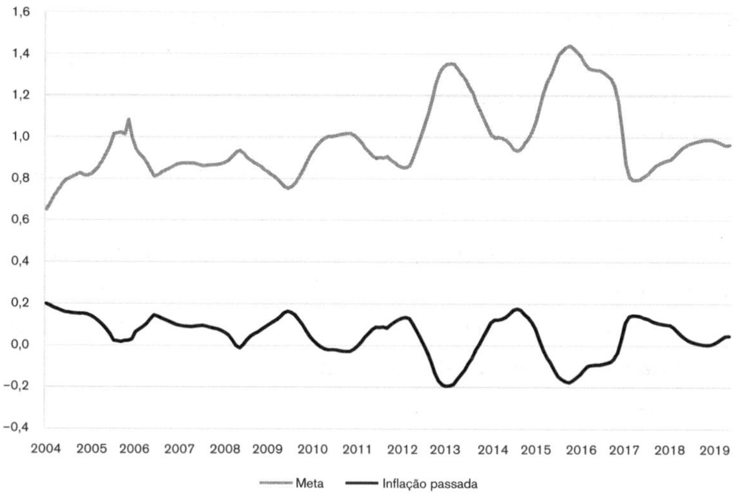

FONTE: Itaú Unibanco.

rente mostra comportamento menos oscilante, flutuando no intervalo −0,2 e 0,2 durante todo o período.

Conclusões

As séries e regressões apresentadas acima sugerem diversas conclusões. A primeira, evidente, é que a credibilidade do BC não foi uniforme ao longo do tempo desde 1999. A segunda é que, mesmo com desvios de expectativas que se mostraram persistentes, as metas foram e seguem sendo importantes atratores para a expectativa de inflação — nesse contexto, a despeito das dúvidas e do ceticismo iniciais, o regime tem sido muito bem sucedido. Cabe notar também que a política monetária parece ter tido efeitos mais rápidos para desancorar do que para ancorar as expectativas, vide os efeitos da surpresa de agosto de 2011 — o que está em linha com a sabedoria convencional dos banqueiros centrais, para quem a credibilidade é construída lentamente, mas pode ser perdida rapidamente. Outro ponto relevante é a influência do arcabouço mais amplo de política econômica, em especial no que se refere à política fiscal, para a credibilidade do regime e do próprio BC. Cabe registrar que, mesmo diante dos crescentes problemas fiscais observados no país, as evidências de dominância fiscal foram limitadas a períodos bastante exíguos de tempo.

7
Três lições de política monetária e a questão das reservas

Ilan Goldfajn

Introdução: um sistema que sobrevive às crises

O tema da política monetária permeou a carreira de Affonso Pastore não apenas quando esteve na presidência do Banco Central, mas também nas suas contribuições acadêmicas e como analista e participante do debate público.

Tenho o prazer de acompanhar a trajetória do Affonso desde a minha formação como jovem economista, lendo seus textos, desfrutando das suas análises como profissional no setor privado, e depois da sua contribuição intelectual durante os anos em que fui diretor e presidente do Banco Central.

Ele tem sido um grande colega e amigo durante esses anos todos, principalmente na formação do Centro de Debates de Políticas Públicas (CDPP).

Affonso é um dos melhores economistas que o Brasil produziu. Algumas de suas características marcantes são a sinceridade e o grande senso de humor.

Lembro do seu humor sobre o fato de a nossa inflação ter caudas gordas (*fat tails*, na expressão em inglês, para designar probabilidades substanciais de inflações extremas), quando sentado entre mim e o Afonso Bevilaqua, num painel sobre o regime de inflação, num momento em que tanto Bevilaqua como eu estávamos precisando de um outro tipo de regime...

A propósito deste capítulo, recordo-me do seu alerta no IV Seminário Atual de Metas de Inflação, em 2002, na sede do BC do Rio de Janeiro, quando eu era diretor da instituição, sobre o risco de o evento ser o último seminário daquele regime, naquele momento de mudanças políticas.

Felizmente o regime de metas sobreviveu não somente àquela mudança, mas também a várias outras que envolveram eleições, impeachments e diversas crises econômicas e políticas. Tivemos choques e crises em 2001, 2002, 2008-9, 2013, 2015-6, 2017 e 2018: não foram poucos.

Este breve texto aborda as lições de política monetária, as suas conquistas e os seus limites, com o pano de fundo da difícil — porém vitoriosa — história do sistema de metas no Brasil, e uma observação sobre o montante de reservas internacionais.

A relevância das expectativas

Há momentos em que o papel da política monetária se faz mais presente. Esses são os casos quando se enfrenta a necessidade de promover desinflação relevante, ou logo após choques ou crises. Nesses episódios, o manejo das expectativas é fundamental, em especial através de uma comunicação "simples, direta e clara".[1]

A desinflação no Brasil de 2016 a 2019 se encaixa num desses casos. A taxa de inflação declinou de cerca de 11% no início de 2016 para o patamar em torno de 3%-4% nos anos seguintes. Há várias razões para tal.

Em termos globais, há uma tendência de desinflação. A maioria dos países tem observado quedas das taxas de inflação, e, em várias economias avançadas, a inflação tem permanecido inclusive abaixo da meta, como nos Estados Unidos, zona do euro e Japão (este já há mais tempo). Questões de longo prazo, como demografia, explicam parte dessa tendência global, assim como mudanças tecnológicas que permitem maior comparação de preços, incentivam a competição dentro e fora dos países e põem limites a aumentos de preços localizados. Há hoje maior sincronização entre as dinâmicas das inflações nos diferentes países.

Apesar disso, entre as diferentes economias ainda persistem fenômenos isolados de inflação muito elevada (o exemplo da Argentina ilustra bem esse ponto), assim como heterogeneidade nos níveis de inflação, apesar da tendência à queda generalizada ao longo dos anos.

Essas diferenças idiossincráticas remetem a explicações domésticas, relacionadas às políticas monetárias locais. Políticas monetárias críveis, em ambientes de fundamentos condizentes com a estabilidade monetária, tendem a aproximar a inflação da sua meta.

Mudanças nos determinantes da inflação, como a políti-

---

1 Explorei esse assunto em meu discurso de posse como presidente do BC em 13 jun. 2016. Disponível em <www.bcb.gov.br/acessoinformacao/discursos>.

ca fiscal e a postura da política monetária, têm seus efeitos antecipados e incorporados na dinâmica de preços através das expectativas de inflação. Melhoras futuras são trazidas ao presente por meio de quedas de reajustes correntes de preços, em função de expectativas mais benignas sobre pressões para reajustes futuros.

O manejo das expectativas de inflação é fundamental, através da sinalização de estabilidade monetária futura, ou mudança de regime econômico, quando necessário.

No Brasil, a partir de meados de 2016, após alguns anos em que a inflação se situou acima da meta e até acima do teto do intervalo de tolerância, retomou-se o processo de convergência da inflação para a sua meta. Essa convergência permitiu a retomada do processo desinflacionário de médio e longo prazos, com metas de inflação decrescentes e convergindo para o padrão internacional, interrompendo quase uma década de manutenção da meta de inflação em 4,5%.

As expectativas de inflação declinaram significativamente devido à mudança de direção da política econômica e à firmeza da política monetária.

Esta última foi alcançada através do reforço de transparência e comunicação do BC e, principalmente, da decisão de não efetuar mudanças nas metas de inflação já estabelecidas.

Mudanças ex-post nas metas de inflação sinalizam leniência na política monetária. Assim como seguidos Refis e outros tipos de anistias tributárias incentivam o não pagamento de impostos no presente, à espera do futuro perdão, a leniência com a manutenção da inflação acima das metas incentiva reajustes robustos de preços no presente.

Em determinadas circunstâncias, faz sentido aliviar as metas de inflação, por não serem mais críveis, quando claramente não há possibilidade de volta às metas, dada a situação econômica.

Em meados de 2016, havia quase consenso entre os analistas (e o mercado) para mudanças nas metas de inflação já estabelecidas,[2] dadas a alta inflação corrente e a perspectiva de inflação futura elevada.

No entanto, a situação econômica não recomendava a mudança. Após alteração na direção de política econômica (através de anúncio de um programa de consolidação fiscal e reformas), e com a queda histórica na atividade econômica (contração acumulada de 6,7% no PIB entre 2015 e 2016), o declínio da inflação parecia depender mais de mudanças de percepções sobre a dinâmica de preços no futuro. Nesse sentido, a contribuição da política monetária, com compromisso firme de atingir as metas de inflação através de mudanças na comunicação e manutenção das metas, foi fundamental para coordenar as expectativas de inflação, combater os reajustes de preços defensivos e, assim, liberar as forças de oferta e demanda na economia.

A meta foi mantida em 4,5% para os anos de 2016-8, e as metas futuras foram reduzidas seguidamente ao longo dos anos, para 4,25% em 2019 e até chegar a 3,5% em 2022.

A comunicação de que a meta não iria mudar, por ser ao mesmo tempo "desafiadora, mas crível", foi o suficiente para deflagrar um processo desinflacionário que teria longa duração.

Inicialmente, foram as expectativas que declinaram. De fato, as expectativas de inflação mudaram de forma significativa ao longo de 2016, tanto as medidas pela pesquisa Focus coletada pelo BC como as expectativas embutidas nas inflações implícitas nos títulos governamentais (diferença entre os ti-

---

2 Vinicius Neder, "Cabe meta de inflação ajustada para 2017, diz pesquisador", *Exame*, 13 jun. 2016. Disponível em: <exame.abril.com.br/economia/cabe-meta-de-inflacao-ajustada-para-2017-diz-pesquisador/>.

tulos que rendem juros nominais fixos e aqueles indexados à inflação). As expectativas embutidas nos títulos públicos para as inflações nos doze meses seguintes recuaram de 8% no início de 2016 para em torno de 5% já no começo do segundo semestre daquele mesmo ano. E as expectativas continuaram a declinar. Aquelas medidas pela Focus para o ano de 2016 recuaram de 7,2% em junho para 6,5% em dezembro. As expectativas para os anos de 2017 e 2018 recuaram ainda mais entre junho e dezembro de 2016, de 5,5% e 5% para 4,9% e 4,5%, respectivamente.

Essa queda significativa nas expectativas inflacionárias antecipou a própria queda de inflação que iria ocorrer nos três anos seguintes. A inflação declinou significativamente para 6,29% em 2016, 2,95% em 2017, 3,75% em 2018 e 4,31% em 2019.

Ancorar antes de flexibilizar

O segundo semestre de 2016 foi palco de várias mudanças. A percepção de mudança na direção da política econômica, em geral, e da política monetária, em particular, contribuiu para que as expectativas de inflação começassem a ceder.

O próprio consenso sobre a inflação entre os analistas (e no mercado) se modificou.[3] De uma percepção de que havia necessidade de alterar a meta de inflação já estabelecida, dado

3 Flávia Furlan, "Com a inflação ainda alta, quando começar a cortar os juros?", *Exame*, 16 jul. 2016. Disponível em: <exame.abril.com.br/revista-exame/com-a-inflacao-ainda-alta-quando-comecar-a-cortar-os-juros/>; Luiz Fernando Figueiredo, "O legado de Ilan Goldfajn no BC: A redução estrutural da inflação", *InfoMoney*, 1 mar. 2019. Disponível em: <infomoney.com.br/mercados/o-legado-de-ilan-goldfajn-no-bc-a-reducao-estrutural-da-inflacao/>.

o grande desafio de reduzir a inflação, caminhou-se para uma visão tão benigna da dinâmica inflacionária que, em poucos meses, já seria possível iniciar o processo de flexibilização monetária através da queda de juros: entre janeiro e julho de 2016, a mediana das expectativas Focus para a Selic indicava queda de quase 150 pontos base nesse mesmo ano.

Novamente, não era recomendável seguir o consenso. As expectativas de inflação ainda não tinham convergido para as metas de inflação nos anos seguintes, talvez devido a seguidos desvios para cima nos anos anteriores (em treze dos dezessete anos entre 1999 e 2015 a inflação ficou acima da meta). A própria inflação recuava lentamente. A inflação acumulada em doze meses encontrava-se em 8,8% em junho de 2016, enquanto a expectativa de inflação medida pela pesquisa *Focus* para 2017 encontrava-se ainda acima da meta (em torno de 5%-5,5%).

Uma boa política monetária deve mirar a meta de inflação, não o limite superior do seu intervalo de confiança. Além disso, deve se comprometer com desinflações duradouras, o que, nesse caso, significava a persistência do processo, de forma a garantir a convergência das expectativas de inflação para a sua meta.

A ansiedade com a flexibilização monetária era natural. A ociosidade e o desemprego encontravam-se elevados devido à recessão herdada.

Mas uma flexibilização imediata seria prematura. Era necessário "ancorar" as expectativas, ou seja, os agentes esperarem uma inflação futura em torno da meta, não acima. A mudança no processo inflacionário e da postura do BC ainda não tinha se consolidado, e uma flexibilização monetária imediata sinalizaria, mais uma vez, acomodação da política monetária com inflação acima da meta.

Era razoável pressupor que aguardar uma ancoragem mais completa das expectativas da inflação para a meta, antes do início do processo de flexibilização monetária, teria benefícios. Uma flexibilização após ancorar as expectativas na meta deveria levar a inflação a declinar mais rápida e intensamente. E a flexibilização seria mais duradoura, com queda de juros mais perene.

De fato, a persistência teve como resultado uma ancoragem das expectativas para a meta de inflação (as medianas das expectativas de inflação para os anos à frente convergiram para as metas de inflação estabelecidas para estes anos). E a flexibilização monetária foi mais intensa. A queda de juros que se iniciou em outubro de 2016 foi mais intensa do que se imaginava, chegando rapidamente no seu mínimo histórico. Em 2017, os juros da taxa Selic recuaram de 13,75% para 7% no fim do ano.

E tanto a queda da inflação como a dos juros se revelaram mais perenes. Nos anos seguintes, a dinâmica da inflação, através de suas expectativas, permaneceu benigna, e o processo de queda dos juros teve continuidade. Enquanto este capítulo é escrito, em 2019, expectativas de inflação para os anos seguintes atualmente encontram-se ancoradas: espera-se 3,75% em 2021, diante de uma trajetória de metas declinante de 4% em 2020, exatamente 3,75% em 2021 e chegando a 3,5% em 2022. A taxa Selic recuou para 4,5% ao final de 2019, tendência que também atingiu as taxas de juros mais longas, que chegaram a mínimas históricas (por exemplo, a taxa para janeiro de 2029 recuou de 16,45% em janeiro de 2016 para 6,96% em dezembro de 2019).

Recordo aqui mais um exemplo da honestidade intelectual do Affonso Pastore. Inicialmente ele criticou a postura mais conservadora do BC no segundo semestre de 2016, para depois reconhecer publicamente que acreditava que a ancoragem antes da flexibilização tinha sido acertada.

O que seria da dinâmica de inflação se a política monetária tivesse se flexibilizado antes da ancoragem? Teríamos mais uma vez permanecido com inflação acima da meta, ou com queda de juros apenas temporária? Difícil saber o contrafactual. Como sempre, temos apenas a observação do que ocorreu, sujeito às condições.

E as condições globais eram favoráveis, com taxas de inflação e juros em queda no mundo, durante esses anos. A exceção é o ano de 2018, de que trataremos na seção seguinte.

Persistência no arcabouço monetário

A ancoragem das expectativas e o ganho de credibilidade do BC na desinflação tiveram um benefício palpável em 2018, quando a economia pôde navegar um ano adverso, sem maiores riscos inflacionários e necessidade de elevar a taxa de juros. Bastou ao BC permanecer fiel ao arcabouço do regime de metas de inflação.

O ano de 2018 se caracterizou por elevação dos juros nos Estados Unidos, reversão na direção dos fluxos de capital, com saída de recursos das economias emergentes, causando a depreciação das moedas dessas economias e pressão sobre os seus bancos centrais para intervir e/ou elevar os juros.

A pressão sobre as economias emergentes ficou mais evidente em países como Turquia e Argentina, que, apesar das intervenções e elevações de juros, sofreram crises cambiais e consequências graves sobre as suas economias (recessão e inflação).

Mas a pressão foi geral sobre todas as economias emergentes. De fato, com a elevação dos juros pelo Fed, o dólar se fortaleceu no mundo, levando a forte depreciação cambial das moedas de economias emergentes, que se viram obrigadas a apertar sua política monetária, como, por exemplo, Argentina, Indonésia, Índia, México, Filipinas, Rússia e Turquia.

O desempenho da política monetária no Brasil em 2018 foi singular. Não houve necessidade de subir juros, ao contrário da maioria dos emergentes e das expectativas do mercado, que projetavam elevação dos juros, num montante em torno de duzentos pontos base, ainda em 2018. A elevação de juros era vista como a única forma definitiva de estabilizar a dinâmica da taxa de câmbio.

O BC contrariou as expectativas, não elevou as taxas de juros, mantendo-se fiel ao regime de metas de inflação. Como as expectativas de inflação encontravam-se na meta ou abaixo dela, não havia necessidade de aperto monetário. Caso as expectativas de inflação estivessem acima da meta, perto do limite superior do intervalo de confiança, seria mais difícil manter estável a taxa Selic, em face das condições adversas.

Se o BC tivesse seguido o consenso e elevado a taxa de juros, teria enfraquecido a economia (cuja recuperação já era lenta) e, provavelmente, arranhado a sua credibilidade, confundindo a sua comunicação sobre o regime de metas de inflação (que mira a inflação, e não diretamente a taxa de câmbio).

Reservas foram um seguro bom e barato

Cabe uma observação final sobre as reservas cambiais em 2018: o BC pôde esperar e atravessar as pressões de 2018 porque a inflação estava abaixo da meta. Mas também porque tinha reservas que evitaram o *sudden stop*, as paradas bruscas nos fluxos de capitais para emergentes.

Há evidências empíricas de que o montante de reservas

disponíveis para um país é um fator de redução da probabilidade de mudanças bruscas na direção dos fluxos de capitais.

E houve intervenção cambial em 2018, o que ajudou a manter os mercados funcionando de maneira adequada. As reservas atuam como um seguro, permitem oferecer liquidez quando os mercados não funcionam como se espera, o que tende a acontecer em momentos de crise e fortes movimentos cambiais.

A tabela a seguir, extraída dos quadros de relatório do BC, mostra o componente de seguro das reservas. Toda vez que o sinistro ocorreu, ele foi acionado. Percebe-se que há alternância entre prejuízo e lucros ao longo dos anos. Quando há apreciação cambial, o valor das reservas cai em reais, mostrando um prejuízo (como em 2016 e 2017). Nos anos de depreciação, em geral quando há pressão sobre os emergentes (como em 2018), há em compensação lucro, pois o valor das reservas em reais aumenta.

O surpreendente é que as reservas como seguro têm tido custo relativamente baixo, pelo menos se nos ativermos à experiência histórica no Brasil. Nos últimos dez e cinco anos, as reservas foram lucrativas, quando se leva em conta não somente o diferencial de juros, mas também o impacto da depreciação nas reservas (incluindo os swaps cambiais). Nesse caso, o custo do seguro foi um lucro.

Tabela 1: Resultado das operações cambiais (em R$ milhões)

Período	**Swap cambial**	**Reservas internacionais**	**Resultado das operações cambiais**		
	Resultado competência[1] (A)	Resultado líquido[2] (B)	Valores correntes (C = A + B)	Corrigidos IPCA[3]	Corrigidos Selic[3]
2008	5328	121290	126618	227449	342989
2009	2281	-150000	-147719	-259772	-379654
2010	0	-48530	-48530	-79859	-110573
2011	694	43346	44041	66468	84945
2012	1124	21185	22309	33302	42038
2013	-2382	34068	31685	43406	55108
2014	-10681	24630	13950	16479	17516
2015	-102628	259973	157345	191757	230070
2016	83803	-324123	-240320	-266971	-305757
2017	6283	-52705	-46422	-50717	-55319
2018	-14260	141328	127068	133471	134470
2019[4]	-921	7197	6275	17507	17590
Acumulado 2008-19	-31359	77659	46300	72520	73423
Acumulado 2014-9	-38405	56300	17896	41526	38570

FONTE: Banco Central do Brasil.

(1) O resultado das operações de swap cambial por competência inclui ganhos e perdas ocorridos no mês, independentemente da data de sua liquidação financeira. A liquidação financeira desse resultado ocorre no dia útil seguinte (D+1).

(2) Corresponde à Rentabilidade das Reservas menos o custo de captação, representado pela taxa média de captação do passivo total do BC multiplicada pelo montante das Reservas.

(3) Valores corrigidos até abr. 2019.

(4) Dados acumulados até abr. 2019.

Mas como avaliar se esse seguro também é reduzido olhando para a frente (ex-ante)?

É de esperar que as reservas tenham também um custo esperado menor. Com a taxa Selic na mínima histórica, o diferencial de juros é bem menor, principalmente porque a depreciação esperada é positiva, não zero (para manter o valor do câmbio em termos reais, espera-se uma depreciação para compensar o diferencial de inflação mais alto no Brasil). Atualmente o real é percebido como moeda cujo custo de carregamento é baixo ("baixo carry") e, portanto, equivalentemente, há percepção de custo baixo em manter o estoque de reservas.

As reservas atualmente tornam possível uma transição mais ordenada até as reformas fiscais e focadas na produtividade permitirem que a economia convirja simultaneamente para inflação e juros menores, num contexto sustentável de pleno emprego.

Considerações finais

Nos últimos anos, houve aceleração de duas tendências que esperamos que estejam se consolidando, a queda da inflação e da taxa de juros.

Ao longo do tempo, temos observado convergência da inflação para as metas, inclusive para as metas menores recentemente estabelecidas. Ao longo das últimas décadas, também temos registrado tendência de queda dos juros básicos, culminando em 2019 com taxas comparáveis com as existentes no resto do mundo, mostrando que o regime monetário no Brasil está avançando e as anomalias estão desaparecendo. O Brasil deixou ser uma exceção no mundo, e as taxas muito mais elevadas podem ter ficado no passado.

As três lições de política monetária citadas anteriormente ressaltam a disciplina e a persistência como condutores de conquistas mais perenes, como essas tendências de queda da inflação e da taxa de juros.

Termino pontuando os limites da política monetária.

O crescimento da economia a longo prazo depende em larga medida do crescimento da produtividade. Essa é uma tarefa do governo (e sociedade) como um todo, não da política monetária. No Brasil é preciso desenhar sistemas que sejam menos custosos para quem investe, trabalha e produz. É necessário avançar nas reformas, como a tributária (as que simplificam, não uma que traga de volta a CPMF), e aquelas que buscam a eficiência, além da abertura econômica, que traz competitividade. Uma condição necessária para retomar o crescimento sustentado é a consolidação fiscal para reduzir as incertezas que mantêm riscos e prêmios altos, paralisando projetos futuros de empresários e trabalhadores, inibindo as apostas no futuro. Reformas fiscais (para além da reforma da previdência), junto às privatizações, são os instrumentos para tirar esse peso.

O BC pode também contribuir para o crescimento de longo prazo e da produtividade através da estabilidade monetária, que reduz incertezas, do aumento da segurança, reduzindo paradas bruscas, e de uma agenda de eficiência e competitividade no sistema financeiro como Agenda BC+ (ou #), que contribui para a produtividade e o crescimento.

PARTE III

Depoimentos

8
Autodidatas do conhecimento empírico

Antonio Delfim Netto

OS CURSOS DE ECONOMIA e de contabilidade e atuárias na USP tiveram origem no Decreto-Lei 7988, de setembro de 1945, que separou os cursos de economia do velho ensino de contabilidade. Em 25 de janeiro de 1946, o interventor federal em São Paulo, José Carlos Macedo Soares, pelo Decreto-Lei 15 601, criou a Faculdade de Ciências Econômicas e Administrativas da USP. O corpo docente foi constituído por funcionários públicos do setor judiciário e professores da Faculdade de Filosofia, Ciências e Letras (FFCL), todos (com exceção de Alice Canabrava) com a velha visão francesa da economia política, de acordo com o poder do padrinho de cada um. Basta ver a composição original do seu corpo docente: dezenove advogados formados pela São Francisco, treze professores da FFCL com alguma especialização e três engenheiros.

No início, seu funcionamento foi muito tumultuado pela dura crítica dos alunos aos professores que deixavam a desejar pelo pouco conhecimento das matérias somado à sua ausência de interesse pela evolução da FCEA. A situação só mudou depois da barulhenta greve que levou a uma intervenção do governo, quando foi nomeado para a diretoria o grande professor Ruy Aguiar da Silva Leme, em 1957.

Pastore chegou à FCEA em 1958, quando maturava o processo iniciado em 1953 na cadeira de estatística do professor Luiz de Freitas Bueno, na qual se processavam seminários diários explorando livros e artigos numa tentativa de caminhar (por conta própria) na direção de um conhecimento econômico empírico, na linha que será exposta abaixo. Inteligente, perspicaz, trabalhador e com forte personalidade, Pastore logo assumiu uma liderança que o levaria, menos de vinte anos depois, a ser eleito diretor da então FEA. De 1979 a 1983, Pastore foi excelente secretário da Fazenda do Estado de São Paulo. De outubro de 1983 a março de 1985, cumpriu, com brilho excepcional, a presidência do Banco Central do Brasil.

Sua intervenção eficaz na administração da crise mundial de 1979-81, em colaboração com o competente economista e ministro da Fazenda Ernane Galvêas, foi reconhecida por credores e devedores que participaram das longas e desgastantes discussões. Não é possível esquecer que já em 1984 — graças a uma terrível recessão — o Brasil foi o primeiro país a zerar seu déficit em contas-correntes. Foi o último a negociar sua dívida, dez anos depois, pelo sofisticado e dedicado economista Pedro Malan, que viria a comandar a aplicação daquela pequena joia, o Plano Real, que, infelizmente, nunca terminou.

Conheci Pastore quando ele cursava o segundo ano da FCEA, há sessenta anos.

Pastore é parte e resultado de um grande esforço de um grupo de autodidatas que tinham incorporado que só o conhecimento empírico cuidadoso, com apoio da história e dos instrumentos estatísticos, poderia sugerir políticas públicas bem focadas e com o mínimo de efeitos colaterais indesejados. Essa espécie de "filosofia" nasceu por inspiração da professora Alice Canabrava, professora de história econômica com "números" (em oposição a narrativas históricas misturadas com teoria econômica mal digerida) e do professor Luiz de Freitas Bueno, engenheiro com bom conhecimento da estatística clássica, mas grande curioso dos avanços da econometria da Comissão Cowles. E, num nível menor, nas aulas de "teoria" (do valor, dos preços, da moeda e do comércio internacional) do professor Dorival Teixeira Vieira, ainda muito preso à economia francesa dos mestres que foram para a FFCL na fundação da USP.

A contribuição seminal de Pastore foi muito importante para sustentar uma política pública bem focada para a agricultura nacional (1968) e o afastamento de uma falsa premissa que a atrasava. Em cada problema que enfrentou, deixou sua marca com contribuições inspiradoras, como é o caso da magnífica obra sobre teoria monetária.

De minha parte, quero lembrar um modesto mas sofisticado artigo de Pastore em que o dedo do nascente profissional já revelava o que viria a seguir. Trata-se de seu primeiro artigo, "O coeficiente de importações dos investimentos", de 1963. É uma contribuição luminosa que revela, a um só tempo, o que todos na FCEA estávamos aprendendo e tentando medir, e o DNA de Pastore para a pesquisa empírica com o instrumento disponível à época, que era a estatística de R. A. Fisher, que chegara ao Brasil através do grande Wilfred Leslie Stevens, mestre de todos nós.

Há outro texto memorável. Um artigo de Pastore em companhia de um excepcional economista da mesma safra, José Roberto Mendonça de Barros: "O Programa de Integração Social e a mobilização de recursos para o desenvolvimento". Quando a história econômica for escrita, o Brasil tomará conhecimento de um dos piores atrasos impostos à economia brasileira pelo voluntarismo do presidente Ernesto Geisel. Ele impediu que hoje os trabalhadores fossem proprietários, nominalmente, de um fundo de investimentos de proporções abissais. Distribuiu-o para o consumo sem compreender que sua remuneração seria um importante complemento para a aposentadoria dos trabalhadores.

9
Facetas intelectuais de Affonso Celso Pastore

Celso Lafer

CONHEÇO E CONVIVO COM Affonso Celso há muito tempo. Desde o curso secundário. Ambos estudamos no Colégio Dante Alighieri, onde fomos contemporâneos e nos conhecemos. No saguão da entrada do Dante havia um relevo em bronze que retratava Leonardo da Vinci, o múltiplo gênio que alargou o conhecimento humano e que continha uma frase sua: "*La verità sola fu figliola del tempo*" [A verdade é filha única do tempo]. A frase de Leonardo tornou-se o bordão das nossas saudações no correr dos anos. Subjacente ao bordão estava algo que nos unia: a busca da verdade pelo empenho no conhecimento.

Affonso Celso foi estudar economia na FEA-USP. Eu me dediquei ao direito e à teoria política, mas mantivemos o contato. Betty Mindlin, que foi minha primeira esposa, estudou economia e integrou o grupo de estudiosos, no qual Affonso Celso se destacava, que o professor Delfim Netto reunia no seu empenho em dar à FCEA uma inovadora dimensão aos estudos de economia no Brasil. Daí a continuidade do meu contato com o grupo e com Affonso Celso, instigado pela importância que sempre atribuí à interdisciplinaridade.

Na minha tese de doutoramento de 1970 em ciência política em Cornell, uma análise do processo decisório que levou ao Programa de Metas do governo JK, um artigo de 1963 do jovem Affonso Celso, "O coeficiente de importação dos investimentos", consta das referências bibliográficas, assim como dois textos que escreveu em parceria: "Alguns aspectos da inflação brasileira", que escreveu em 1965 com Delfim, Pedro Cipollari e Eduardo Pereira de Carvalho, e "Agricultura e desenvolvimento no Brasil", que escreveu com Delfim e Eduardo Pereira de Carvalho em 1966.

No meu livro de 1975 sobre o sistema político brasileiro, na parte dedicada às suas características pós-1964, retomei temas da minha tese de 1970, examinando as mudanças do arcabouço institucional do Estado. Discuti o papel do Conselho Monetário Nacional e do Banco Central no controle das áreas da incerteza da economia brasileira e o que significava seu papel político em relação ao que Fernando Henrique Cardoso estudou na época como parte dos anéis burocráticos de interação com a sociedade do sistema político. O lastro empírico da minha avaliação baseou-se num artigo de 1973 de Affonso Celso: "A oferta da moeda no Brasil — 1961-1972".

Sempre me impressionou em Affonso Celso o rigor acadêmico da sua probidade intelectual na dedicação ao estudo da economia, buscando com empenho o grau de exatidão que seu campo de conhecimento permite. Daí sua dedicação como professor e economista profissional à econometria, que confere, ostensivamente ou como background, consistência própria aos seus estudos e análises e à regularidade dos seus artigos na grande imprensa.

Quando presidiu o BC num momento crítico da economia brasileira, Affonso Celso viveu o que frequentemente acontece com quem se aventura a enfrentar um cargo público: o imperativo de lidar com a agenda da conjuntura. Foi o que o levou, como ele mesmo diz na introdução de seu livro *Inflação e crises: O papel da moeda*, a enfrentar uma fase aguda da crise do balanço de pagamentos e ter que cuidar de sucessivas negociações financeiras internacionais, sem condições de atuar como desejava no campo da política monetária, por falta de condições objetivas.

Ainda na introdução do livro, Affonso Celso afirma: "Não é possível entender o fenômeno de inflação e o seu controle sem a acumulação de evidências empíricas". E continua: "nos últimos trinta anos fui acumulando evidências empíricas sobre as várias fases da inflação brasileira e o resumo em uma sequência histórica é apresentado no livro".

Esse livro é, com rigor acadêmico, o modo como Affonso Celso mostrou, seguindo a lição de Leonardo da Vinci, que "*la verità sola fu figliola del tempo*", como ele aliás consignou na dedicatória com a qual me brindou ao me encaminhar *Inflação e crises*.

No primeiro semestre de 1999, o governo FHC enfrentou uma grave crise cambial que ameaçava colocar em risco o Plano Real. Vivi "de dentro" esta situação limite na condição de ministro do Desenvolvimento, Indústria e Comércio. No âmbito das atribuições da minha pasta, pouco podia fazer. Considerei que minha tarefa seria contribuir para a coleta de informações do presidente, sempre atento a ouvir múltiplas avaliações de interlocutores qualificados. Foi assim que, por minha iniciativa, com o respaldo do presidente, vim a São Paulo ouvir Affonso Celso, muito consciente de que teria algo a dizer, dados seus conhecimentos e seu espírito público. Do encontro resultou uma análise muito proveitosa que se desdobrou numa conversa telefônica de Affonso Celso com FHC, a qual contribuiu para sua avaliação do que cabia fazer. É aliás o que Fernando Henrique registra nos seus *Diários da presidência — 1999-2000*, que também faz menção a outras consultas com Affonso Celso e a um documento que dele recebeu na ocasião.

Norberto Bobbio, em *Il dubbio e la scelta*, discute o papel dos intelectuais nas sociedades contemporâneas, caracterizadas pela desconcentração do poder ideológico. Pontua que tanto podem oferecer princípios gerais que propõem caminhos, orientações e rumos para a sociedade quanto elaborar conhecimentos-meio, ou seja, o indispensável saber técnico para resolver problemas e tornar viável a efetivação dos rumos.

No exercício de suas funções, lembra Bobbio, os intelectuais, *inter alia*, podem fazer a crítica do poder, mas também está ao seu alcance assessorar o poder, exercendo influência e por vezes assumindo responsabilidades públicas em múltiplas tarefas necessárias para a gestão governamental nas sociedades contemporâneas. Ambas as funções foram exercidas numa dialética de complementariedade por Affonso Celso na sua trajetória.

Seu ponto de partida, para recorrer aos tipos ideais de personalidade estudados por Eduard Spranger em *As formas da vida*, é a do homem teórico, motivado pelo empenho no valor cognoscitivo da objetividade da verdade. É o que caracteriza Affonso Celso como professor. A vontade de ação do homem teórico, que não é um intelectual puro, como é o caso de Affonso Celso, volta-se para a crítica e a polêmica, lastreado nas armas do seu saber. É um papel que se ajusta à forte e vigorosa personalidade de nosso homenageado, que os tempos e a idade não amainaram.

Spranger também se dedica à análise de outras formas de personalidade, como a do homem político para quem, como dizia Bacon, conhecimento é poder, e a do homem econômico, para o qual o saber está a serviço da utilidade. Affonso Celso não desconheceu na sua vida essas formas; por isso, sua personalidade tem os componentes de formas mistas, o que se explica pelo fato de economia não ser filosofia. Economia é uma palavra que vem do grego e em sua origem está ligada ao *nomos*, as leis da administração da casa (o *oikos*). Daí a razão de os economistas, com a ampliação dos conhecimentos provenientes do desenvolvimento da disciplina, para a qual Affonso Celso contribuiu, terem a propensão de buscar influenciar a gestão, num sentido amplo, da Casa, tanto na sua dimensão privada, da microeconomia, quanto na sua dimensão pública, da macroeconomia.

No entanto, o que nesta matéria predomina em Affonso Celso é a motivação do homem teórico. É por essa razão que depois de terminar sua *vita activa* de professor universitário ele não cingiu suas atividades a artigos na imprensa e à sua bem-sucedida consultoria econômica, a A. C. Pastore & Associados. Concebeu e criou o Centro de Debates de Políticas Públicas (CDPP).

O CDPP tem a característica de um think tank. Não tem fins lucrativos; é independente e apartidário. Realiza debates e elabora estudos propositivos sobre os principais desafios que afetam o país.

Participei desde a primeira hora da criação do CDPP e conversei muito com Affonso Celso no momento inicial da sua concepção. No nosso diálogo, destaquei que o termo "políticas públicas" tem uma acepção abrangente — por exemplo, políticas públicas do meio ambiente e de sustentabilidade, políticas públicas de pesquisa e inovação, que eram temas com os quais me ocupava na presidência da Fundação de Amparo à Pesquisa do Governo de São Paulo (Fapesp). Por isso, à luz da minha experiência acadêmica e no plano da ação de quem se dedicou a políticas públicas, realcei que o CDPP não deveria cingir-se aos economistas, abrindo-se para a interdisciplinaridade.

Esta visão coincidiu com a de Affonso Celso. Daí a multidisciplinaridade dos seus associados, que também alimenta os seus debates.

Um exemplo das virtudes da multidisciplinaridade é o livro *Infraestrutura: Eficiência e ética*, que resultou da análise e do diálogo, no âmbito do CDPP, de economistas e advogados, como destaca Affonso Celso na sua introdução ao volume de 2017. O livro tem como pano de fundo instigador a inserção na agenda pública brasileira do tema da corrupção em larga escala, que o Judiciário trouxe à tona com o Mensalão e subsequentemente aprofundou com os trabalhos e a ação da Lava Jato, o que justifica o prefácio de Sergio Moro.

Retorno ao início do meu depoimento para concluir. Se Leonardo da Vinci nos inspirou ao afirmar que "*la verità sola fu figliola del tempo*", cabe nesse contexto lembrar um provérbio iídiche que diz: "A verdade nunca morre, mas tem uma vida miserável". Com sua obra e ação, Affonso Celso Pastore contribui para tornar a vida da verdade menos miserável.

PARTE IV

Entrevista

10
Da agricultura à econometria, da econometria à macroeconomia

Entrevista concedida aos organizadores do livro

Como foi o início da sua formação como economista?

Entrei na Faculdade de Ciências Econômicas e Administrativas da USP em 1958 e me formei em 1961. Era o início da evolução da teoria do crescimento econômico. Em 1956, houve o artigo do [Robert] Solow,[1] "A Contribution to the Theory of Economic Growth". Até ali, se estudava Arthur Lewis,[2] economia dual,[3] Harrod-Domar,[4] coisas desse tipo. Quando chegou em 1961, o tema estava fervilhando. Havia muitos seminários na USP. E, dentro dos seminários e dos vários grupos de estu-

1 Vencedor do prêmio Nobel de economia em 1987.

2 Economista britânico, prêmio Nobel em 1979.

3 Modelo que explica o crescimento de uma economia em desenvolvimento com base na transição dos trabalhadores entre dois setores, o capitalista e o de subsistência.

4 Modelo keynesiano de crescimento econômico.

dos, cada um de nós tinha que escolher um campo no qual ia fazer algum tipo de análise.

E como se deu o seu envolvimento acadêmico com esse tema?

Por volta de 1961, eu já estava interessado em desenvolvimento. Mas tinha um problema, que era o papel da agricultura no desenvolvimento econômico. Havia uma controvérsia enorme entre estruturalistas e monetaristas. Os estruturalistas diziam que a inflação não é um fenômeno monetário, mas sim que vem da rigidez da oferta. Achei tudo aquilo extremamente interessante.

Esse debate está detalhadamente recontado nos capítulos iniciais deste livro, escritos por Marcos Lisboa e Samuel Pessôa. Eles escreveram também sobre o apego à verificação dos dados e à comprovação cuidadosa das hipóteses que caracterizaram desde o início o seu trabalho e a orientação da FCEA da USP naquela época.

É exatamente isso. Lembro-me que tivemos seminário específico sobre o livro do [filósofo] Karl Popper, *The Logic of Scientific Discovery*. No fundo, o livro estabelece a distinção entre proposições metafísicas e proposições científicas. A metafísica é uma questão de crença. E a proposição científica diz respeito a você colocar a hipótese à prova. Em relação à agricultura, pensei: "Não há como seguir o que os estruturalistas sempre fizeram e que vários economistas ainda fazem", que é montar uma narrativa interessante, sobre um assunto em particular, e depois sair à cata de um dado ali, outro dado aqui, que no fundo justificam aquela narrativa. Tomei a decisão de seguir a linha popperiana e fazer um teste de hipótese sobre se a agricultura respondia ou não a preço.

E os resultados eram de que respondia, e iam de encontro à tese dos estruturalistas. Como esse estudo pioneiro influenciou sua carreira posterior?

Ao fazer aquilo, tive que desenvolver um conhecimento de econometria, de uma classe de modelos que, do ponto de vista matemático, eram muito semelhantes aos modelos de função consumo, demanda de moeda e inflação. Era um tempo em que ainda não havia expectativas racionais,[5] pois as expectativas eram feitas olhando para trás, extrapolando o passado para o futuro. Depois dessa incursão na agricultura, que não ficou só naquela tese — trabalhei em vários assuntos —, fui mordido pelo vírus da econometria. "Vou dar esse tipo de aula, é um campo no qual quero me especializar." Fiz minha livre-docência nesse assunto. E quando me tornei professor titular, também fui para a cadeira de econometria.

Como se fazia para realizar os cálculos pesados da econometria numa época em que a computação apenas engatinhava?

Você tinha que ir para a sala de aula munido de uma Facit manual, aquela maquininha de manivela, e uma tabela de logaritmo. Observação por observação, calculava-se o logaritmo. Era uma coisa extremamente interessante: fazer uma regressão linear de duas variáveis é muito fácil. Se você tivesse uma com três variáveis independentes, já tinha que inverter uma matriz de três por três. Aí tinha que inventar algoritmos que permitissem fazer essas inversões mais rapidamente e fazer a checagem para não cometer erro. Era um negócio tremendamente intensivo e trabalhoso.

---

5 Expectativas consistentes com o modelo, isto é, pelas quais se pressupõe que os agentes dentro do modelo conhecem o modelo e, na média, tomam as previsões do modelo como válidas.

Já havia algum tipo de computador para ajudar?

Havia um computador na USP, que ficava na Escola Politécnica, ficava lá embaixo no campus. A FCEA ainda ficava na rua Doutor Vila Nova. A gente tinha que bloquear um tempo naquele computador, que era um 1620,[6] com muito menos memória do que qualquer um dos celulares de hoje. A entrada dos dados era por cartão perfurado. Tínhamos que perfurar os cartões e colocá-los junto com o deque de cartões do programa. Aí se rodavam os dois, aquilo demorava um tempo enorme. Me lembro que, para fazer as regressões da minha tese, eu bloqueava o computador da USP da meia-noite às seis da manhã. Passava antes no Bar do Piccolo, na Politécnica, que tinha um misto-quente que era uma maravilha. Eu comprava dois mistos-quentes, pegava uma garrava grande de guaraná, levava e passava a noite fazendo esse trabalho. Mas isso foi o começo da história. Depois teve uma revolução extraordinária, os computadores avançaram e o negócio andou.

Como os seus interesses em economia evoluíram para outros temas?

Em cima dessa econometria, me interessei em fazer aplicações para a política monetária. Logo depois fiz uma estimativa da demanda de moeda no Brasil, que saiu na *Revista Brasileira de Economia*, em que eu usava a mesma metodologia econométrica da pesquisa sobre a agricultura. O Brasil tinha inflação e problemas macroeconômicos extremamente complicados. Pensei: "Agricultura é um problema importante, mas o desequilíbrio macro afeta muito mais o país". Abandonei o resto e mudei para a macroeconomia. Comecei num campo com um instrumento, que acabou me levando para outro. As questões

6 IBM 1620, lançado em 1959.

macroeconômica, monetária e da inflação eram tão fascinantes que se tornaram meu campo de especialização maior. Mudei com armas e bagagem para macroeconomia combinada com econometria. Ou seja, estava fazendo macroeconomia aplicada, basicamente o que eu fiz a vida inteira, até hoje.

O embate entre a verificação rigorosa dos dados e as teses "narrativas" na sua juventude teve outros temas significativos, como a questão da distribuição de renda.

Sim, foi uma polêmica em que essa distinção ficou muito clara. O Brasil teve o período do milagre, de 1968 a 1973. Foi um crescimento de 10,5% ao ano. Mas isso não foi milagre, mas um conjunto de circunstâncias. Não está no campo da metafísica. Era um governo militar, havia uma oposição política enorme ao governo. Havia economistas que "tinham" que descobrir que tudo aquilo não era nada. Nesse processo de crescimento acelerado, aconteceu um aumento da concentração de renda. A crítica no plano político era que se estava crescendo porque os recursos dos pobres estavam sendo comprimidos e transferidos para os ricos. Surgiu uma controvérsia. O Celso Furtado[7] e o Albert Fishlow,[8] de um lado, com artigos importantes. Furtado publicou um livro[9] naquela época no qual desenvolvia a seguinte narrativa: o Brasil vinha da substituição de importações, e a demanda vinha principalmente dos ricos, que queriam automóveis e bens duráveis de consumo. Quando esse processo chega ao fim, é preciso gerar uma demanda doméstica. As classes mais pobres, principalmente os

---

7 Economista da escola estruturalista, considerado um dos mais importantes da história do pensamento econômico brasileiro.

8 Famoso economista e brasilianista norte-americano.

9 *Análise do modelo brasileiro*. Rio de Janeiro: Civilização Brasileira, 1972.

trabalhadores urbanos, que são a maioria da sociedade, não têm condições de comprar esses bens, porque os salários serão permanentemente baixos dado que na agricultura existe um "exército de reserva" que fornece uma quantidade ilimitada de mão de obra para os setores urbanos, sem deprimir a produção agrícola. Furtado admitia a validade do modelo da economia dual de Lewis. Na sua visão, o governo realizou deliberadamente políticas que concentraram a distribuição de renda, favorecendo principalmente as classes de rendas mais altas, de forma a continuar aumentando a demanda que favorece a industrialização. Com essa narrativa em mãos, Furtado saiu para tentar buscar um dado aqui, outro dado ali. O Fishlow também saiu na mesma linha, e eles fizeram uma crítica ao governo que teve grande repercussão política.

Foi quando o Carlos Geraldo Langoni[10] *interveio no debate...*

Exatamente. Nesse ponto aparece o Carlos Langoni propondo que o relevante não era a beleza da narrativa, mas sim o teste da hipótese. Ou seja, usar a teoria econômica existente, fazer um teste e verificar se a tese [de Furtado, Fishlow e outros críticos da política econômica do governo militar] resistia aos fatos ou não. Foi um trabalho duro. Naquele tempo ele usou um IBM 1130,[11] um computador um pouco mais evoluído do que aquele que eu usava. O que estava sendo testado era se a renda se concentrou entre capitalistas e trabalhadores, ou dentro da classe dos trabalhadores. E se verificou que ela se concentrou dentro da classe dos trabalhadores. A renda cresceu muito mais rapidamente entre os que tinham qualificação,

10 Economista e ex-presidente do Banco Central.

11 Introduzido em 1965.

e ficou praticamente estagnada naqueles segmentos da sociedade que não tinham.

E qual a explicação?

A teoria de capital humano dava o embasamento. O PIB crescia a 10%, com fortíssima industrialização, que demanda mão de obra qualificada, cuja oferta é inelástica: os salários dos trabalhadores qualificados sobem. Havia demanda também pelos não qualificados, mas aqui a oferta era muito mais elástica, e os salários não subiram. A conclusão do Langoni é que isso explica o grosso da concentração na distribuição de renda na época.

Como a sociedade reagiu a essa descoberta?

O Langoni publicou o livro,[12] que gerou enorme debate. Me lembro que, na época, fui com o Langoni para um seminário em Londres. Fishlow também participou, com uma posição contrária à de Langoni. No seminário houve uma discussão pesada, porque havia duas coisas em jogo. A primeira era a explicação econômica do fato inegável de que havia um aumento na concentração. A segunda era a extração do conteúdo político de crítica ao governo militar. O Fishlow estava muito mais na linha de crítica ao governo militar do que propriamente na discussão econômica. Não estou dizendo que o Fishlow não tivesse pontos para os quais valesse a pena olhar. Mas naquele momento a discussão era muito polarizada, muito difícil.

Você tomou parte no debate durante o seminário?

Sim. A minha reflexão a propósito da natureza daquela controvérsia pode ser resumida em uma imagem de um conto do

---

12 *Distribuição de renda e desenvolvimento econômico do Brasil.* São Paulo: Expressão e Cultura, 1973. Reeditado em 2005 pela Editora FGV.

Borges[13] sobre as adagas. Chega um grupo num churrasco, e na casa tem um armário com adagas que foram usadas por famosos lutadores. Os convivas começam a comer, beber, resolvem pegar as adagas para olhar, e começam a lutar sem razão aparente. E um mata o outro. No final da história, entende-se que a luta não foi entre os homens, mas entre as adagas. Elas carregavam o ódio das gerações passadas e, quando encontraram homens que as libertaram de onde estavam, lutaram entre si. Durante um bom tempo, nossa profissão teve uma luta de adagas. Eu olhava para o Pedro Malan e para o Edmar Bacha[14] e vinham críticas e pancadas do lado de lá o tempo todo, era muito difícil. Evidentemente, eu estava no governo Figueiredo nessa época, negociando com o Fundo, numa situação na qual o Brasil estava com uma inflação muito alta. O país tinha quebrado, nós tínhamos ido para a crise da dívida externa.

Como se deu o convite para trabalhar no Banco Central?

Minha primeira experiência no setor público foi na Secretaria da Fazenda de São Paulo, entre 1979 e 1983. Em março de 1983, saí da Secretaria da Fazenda e voltei para a USP, para dar o curso de econometria. Eu estava no meio de uma aula quando veio um telefonema. Era do Delfim [Netto].[15] Ele me disse que o [Ernane] Galvêas[16] ia me ligar e me convidar para ser o presidente do Banco Central. "Você tem meia hora para pensar a resposta, se vai aceitar ou não." Meia hora depois ligou o Galvêas. Quem saiu do Banco Central foi o Langoni. Acabei tendo um fim de semana para pensar, falar com família, ver o

---

13 "O encontro", do escritor argentino Jorge Luis Borges.

14 Economistas que à época eram fortes críticos do governo militar.

15 Ex-ministro da Fazenda.

16 Ministro da Fazenda na época.

que eu fazia e o que não fazia, conversar com Delfim e Galvêas, pensar bem qual era o tamanho da encrenca. Na segunda-feira eu disse sim e fui. Assumi o Banco Central no dia 5 de setembro [de 1983].

E como foi a experiência no Banco Central?

Entrei no BC com reservas em caixa negativas e centralização cambial. Existia a Resolução 851 do Banco Central. Você fechava o câmbio para comprar insulina, aço ou o que quisesse. Como o BC não tinha dólares para entregar, a Resolução 851 estabelecia uma fila, dando o mínimo de ordenação para ver que tipo de produto se paga primeiro. Nós tivemos uma parada brusca e total de fluxos de capital. Era uma crise internacional. Se os reguladores não fossem altamente conscientes, o sistema bancário internacional teria quebrado, porque foi uma crise que atingiu o mundo inteiro. O meu problema no BC era de administração de uma crise.

Quais eram a origem e as características dessa crise?

As crises do petróleo haviam ocorrido na década anterior. O Geisel, com o II PND,[17] decidiu sair da crise não cortando a absorção doméstica, para poder acomodar o aumento da importação de petróleo, mas sim com um enorme programa de investimentos. A taxa de investimento do Brasil — depende um pouco de como se calcula, se em dólares PPP[18] ou reais — subiu cinco pontos de porcentagem acima do máximo recente [na época] que havia sido atingido. Geramos um déficit em conta-corrente nessa época de 7% do PIB. Um nível muito aci-

17 Plano Nacional de Desenvolvimento, com maciços investimentos públicos, especialmente em infraestrutura, energia e petróleo.

18 *Purchasing power parity*, ou paridade de poder de compra.

ma do sustentável. Aquele período também foi de crescimento no mercado de eurodólares na Europa. Com isso e depois com a crise do petróleo, que gerou superávit na conta-corrente dos produtores, os bancos achavam que podiam fazer empréstimos praticamente sem limites. As pessoas costumam dizer que a crise da dívida veio por causa da crise do petróleo. Mas o México era produtor de petróleo e era membro da OPEP, e o Brasil era importador de petróleo. O México quebrou antes do Brasil, e não porque era importador de petróleo, mas porque tinha um presidente da República [José Lopez Portillo] que fez a mesma política econômica que o Geisel, expandindo o investimento de um jeito extraordinário. Eu me lembro que eu visitei o México com o [Paulo] Maluf,[19] e fiquei assustado com o programa de investimento do México naquela época e com o déficit em conta-corrente do país.

E como foi o desfecho desse desequilíbrio?

Havia uma segunda coisa em andamento, que era o fim do sistema de Bretton Woods, no qual a âncora era a oferta de moeda dos Estados Unidos. O dólar era preso ao ouro (US$ 35 por onça troy), e as demais moedas tinham uma taxa fixa em relação ao dólar. Com todos os países no câmbio fixo e com livre mobilidade de capitais, não havia uma inflação de cada país, e sim uma inflação mundial.[20] Os Estados Unidos tinham que exercer o controle da sua oferta de moeda, porém havia um elemento perturbador: o presidente americano era o [Richard] Nixon, e o Arthur Burns liderava o Fed, que

---

19 Ex-governador de São Paulo quando Pastore foi secretário estadual da Fazenda.

20 Referência aos principais países e moedas que faziam parte do sistema de Bretton Woods.

obedecia ao Nixon, num caso típico de não independência de banco central. É um caso em que, segundo [Carmen] Reinhart e [Kenneth] Rogoff,[21] se aceitou a dominância fiscal.[22] Naquele período tinha taxa de juros baixa, que era o que o Nixon queria, o que impedia que o dólar exercesse o papel de âncora. Os bancos ao redor do mundo queriam emprestar, os países tinham esses grandes programas de investimento e, em adição, o mercado de eurodólares estava em grande desenvolvimento. O Brasil resolveu financiar o programa audacioso de investimentos com empréstimos externos. Antes de iniciado aquele movimento, tínhamos um passivo externo de 15% do PIB, que foi para 55% inteirinho em cima de dívida externa, isto é, em dólares. Tudo funcionou bem enquanto as taxas de juros nos Estados Unidos, e consequentemente no mundo, permaneceram baixas, mas isso teria vida curta. Quando [Paul] Volker saiu da presidência do New York Fed e assumiu o Federal Reserve na qualidade de chairman, tomou a decisão de levar a sério o combate à inflação, e levantou a taxa de juros até aqueles 20% conhecidos [em 1981]. A relação entre as nossas despesas com juros e nossas exportações saiu de 5% para 60%. O país literalmente quebrou logo após a quebra do México, e em seguida foram os demais países que haviam trilhado o mesmo caminho. Eu entrei no Banco Central nessa época.

E o que se faz numa situação dessas?

Primeiro tem que administrar a crise e fazer a negociação. Essa era a minha tarefa. Tinha um programa com o Fundo, pelo qual tínhamos que controlar a inflação, cortar o déficit público etc. Só que a inflação estava em 100% ao ano, e o Brasil tinha

---

21 Economistas norte-americanos.

22 Quando a política monetária perde eficácia, pelo descontrole fiscal.

uma economia totalmente indexada desde o PAEG,[23] com a correção monetária. Nós fomos indexando dos ativos financeiros aos preços, inclusive salário e câmbio. Aliás, é curioso porque o PAEG do [Roberto] Campos e do [Otávio Gouveia de] Bulhões[24] foi um programa extraordinário, uma construção de instituições econômicas bem-feitas. Fizeram reforma tributária, fizeram reforma para ter dívida pública, abriram a economia. Mas deixaram um gene ruim ali dentro, uma sementinha: foi a combinação de duas coisas que exploro em um livro que estou escrevendo, no qual olho para a nossa trajetória e para a minha experiência acadêmica e no governo com os olhos de hoje, beneficiando-me do conhecimento da história. Foi a combinação da indexação com um banco central politicamente dependente, sem nenhum poder de executar a política monetária que era exercida pelo Conselho Monetário Nacional, constituindo a base da assim chamada "inflação inercial". Essa sementinha cresceu, tomou o organismo inteiro e destruiu tudo aquilo de bom que Campos e Bulhões tinham feito anteriormente.

Quais as consequências desse cenário para seu trabalho no Banco Central?

Primeiro, a inflação tinha uma enorme inércia, e o BC não tinha nenhum poder, nenhuma independência, pois era um departamento do Tesouro nessa época. Quem fazia política monetária era o CMN, no qual o BC tinha um voto, o do presidente. Compunham o CMN o ministro da Fazenda, o ministro da Agricultura, o presidente do BNDES, da Caixa Econômica, do Banco Nacional da Habitação, quatro representantes do

23 Programa de Ação Econômica do Governo, do governo Castello Branco.

24 Roberto Campos e Otávio Gouveia de Bulhões, respectivamente ministros do Planejamento e da Fazenda do governo Castello Branco.

setor privado. No livro do Gustavo Franco[25] há uma tabela mostrando como foi crescendo o número de representantes do CMN, que se transformou em lócus de distribuição de recursos e instrumento de poder na execução da política monetária, com um orçamento monetário que livremente alocava recursos para o crédito, em geral subsidiado. No livro, mostro uma modelagem através da qual fica claro que, naquelas condições, se o objetivo fosse o de reduzir a inércia à metade, isto é, o grau de dependência da inflação atual em relação à inflação passada, seria preciso aumentar a taxa de juros, acima da taxa neutra, o dobro da expectativa de inflação, que na época andava em torno de 100% ao ano. Não tinha como controlar a inflação usando apenas a política monetária. Era preciso fazer a reforma monetária que foi feita.[26] Eu vivi esse problema, e, durante o processo, fui escrevendo sobre essas experiências numa linha independente de como o pessoal da PUC pensava. Segui a teoria econômica convencional, introduzindo a rigidez de preços dentro modelo, abandonando a hipótese de preços flexíveis (nos modelos econômicos), que era a linha da Universidade de Chicago. Isso foi me aproximando da sua[27] alma mater, o MIT,[28] que pregava o preço rígido, convergindo para o estágio atual de como a gente pensa sobre política monetária.

Há uma riqueza no fato de você estar nessa fase fazendo policy no Banco Central e, ao mesmo tempo, escrevendo sobre os assuntos, que ficam registrados por escrito e são debatidos.

---

25 Ex-presidente do BC, na implantação do Plano Real. O livro a que Pastore se refere é *A moeda e a lei: Uma história monetária brasileira, 1933-2013* (Rio de Janeiro: Zahar, 2017).

26 A reforma seria feita muito tempo depois, com o Plano Real.

27 De Ilan Goldfajn, ex-presidente do BC, que participou desta entrevista.

28 Massachusetts Institute of Technology.

É assim que se expõe um pouco melhor os temas aos nossos pares que não estão no governo. Você chega para seus colegas e diz: "Olha, penso assim, por isso e aquilo, aqui está o teste". E os outros podem fazer a crítica, recebem, absorvem, mudam ou não mudam. Cria-se um diálogo, que não é puramente acadêmico, nem puramente de policy, mas uma mistura das duas coisas, o que de fato acaba sendo uma coisa muito rica para quem está nesse campo.

Como foi lidar com as inevitáveis críticas, quando você estava no Banco Central?

Isso é da vida. Uma vez que se está nesse tipo de cargo, tem que estar preparado para isso, ser tolerante e saber absorver. Você também recebe um elogio aqui ou ali. E a algumas das críticas a gente tem que prestar atenção mesmo. Isso me lembra um episódio com o Roberto Campos, de quem fiquei amigo, no período em que eu estava na Secretaria da Fazenda de São Paulo. Eu ia negociar um empréstimo em Londres.[29] Quando cheguei no meu hotel, havia um bilhete para mim. Era para ligar para o Roberto Campos. Tenho que explicar o contexto aqui. O Delfim[30] havia prefixado a correção monetária. Eu e o Rubem Almonacid[31] tínhamos feito um paper que era uma pancada na prefixação da correção monetária, e eu não sei por que cargas-d'águas isso chegou nas mãos do Campos, que queria discutir o assunto. Fui à Embaixada, tomamos uísque, conversamos, e o Campos me deu um conselho: quando você está na política, tem que aprender a ser que nem pugilista. O pugilista tem que derrubar o adversário até o último

---

29 Campos era então embaixador do Brasil no Reino Unido.

30 Então ministro da Fazenda.

31 Economista argentino, já falecido.

round. Você não precisa partir para cima logo de cara, e tem que aprender a assimilar os golpes. Para você bater, tem que tomar também, porque não tem outro jeito. De algum jeito, você abre a guarda. Se não abrir nunca a guarda, você nunca vai bater. Na política ou num cargo público, é a mesma coisa.

Quais foram as principais lições que você aprendeu na situação de crise que vivenciou no Banco Central?

A primeira lição é que você precisa de muita paciência e tolerância quando se está numa crise como essa, senão o jogo acaba. Tem momentos em que você pensa em sumir do mundo e não pode. Entrou, tem que encarar o desgaste e levar até o fim, custe o que custar, do ponto de vista pessoal, financeiro, da família. Em segundo lugar, tem que ouvir muito porque você não consegue dominar todos os assuntos. Você está preparado num enorme campo, mas aí começam a aparecer problemas aqui, ali, e você tem que alargar o seu horizonte. E para alargar seu horizonte, lá no BC, felizmente, tinha uma turma ótima nessa parte externa, alguns deles estão aí até hoje. Outro dia teve uma cerimônia em Brasília, comemorativa dos 25 anos do Plano Brady.[32] Eu acabei não indo, mas lá estava o [Antônio] Pádua Seixas,[33] que foi uma pessoa que me ajudou muito. Eu tinha que ouvir o Pádua Seixas, tinha que ouvir o [José Carlos Madeira] Serrano,[34] o Gilberto Nobre.[35] Nós tínhamos que ouvir os advogados. Estávamos com um problema que envolvia a questão soberana no Brasil, os bancos e o Fundo Monetário.

---

32 Renegociação definitiva da dívida externa brasileira, concluída em 1994, e que a trocou por diversos tipos de bônus negociáveis no mercado.

33 Ex-diretor do BC que teve grande participação na negociação da dívida externa.

34 Também ex-diretor do BC.

35 Ex-funcionário do BC.

Qual era o foro no qual iam se discutir as desavenças eventuais que surgissem? Como é que se fazia isso tudo? Você é exposto a um conjunto de problemas, e tem que sair da sua caixinha. Abrir um pouco a sua cabeça para poder receber esse tipo de informação. Tem que aceitar um desafio muito maior do que aquele que você pensava que ia ser. Você domina uma área, mas tem outras que surgem, e você tem que aprender a navegar num mundo novo. A lição maior é essa.

Como se encaminhou sua vida profissional depois do Banco Central?

Quando saí do BC, voltei para a academia e montei a consultoria. Fiquei uns dois anos na USP dando aula. Num momento posterior, surgiu a proposta da FGV no Rio de Janeiro. O Samuel [Pessôa][36] estava indo para a FGV, atraído pelo Marcos [Lisboa].[37] A FGV no Rio estava recrutando gente, eles me convidaram. Eu disse que se fosse um dia por semana, tudo bem. Dava a aula às quintas-feiras à noite no mestrado profissionalizante, dormia lá, saía para conversar e tomar caipirinha com amigos, como Samuel e Marcos. Na sexta-feira eu dava aula no mestrado acadêmico e de noite voltava para São Paulo. Fiquei uns quatro ou cinco anos nesse esquema, depois larguei, pendurei a chuteira de dar aula e fiquei só com a consultoria em São Paulo.

Houve outras possibilidades no setor privado que não a consultoria?

A minha decisão sempre foi fácil: ou era governo, ou academia, e de setor privado o máximo que teve foi consultoria. Eu tive umas propostas [de trabalhos no setor financeiro],

---

36 Economista do FGV Ibre.

37 Economista e presidente do Insper.

mas nunca me interessei, não tinha apelo. O que me atraía era dar aula, discutir. E que é o que eu fiz o tempo todo. Até hoje estou fazendo isso. O CDPP[38] é isso, um refúgio para debater. Tem ideias boas, tem ideias não tão boas, mas tem um clima muito vivo de discussão, de troca de opiniões, num sentido muito objetivo, de estar perto da policy. De estar mais perto de sugestões de política econômica, de entender o que cada um está fazendo. O que me atrai muito é esse tipo de coisa, e a minha carreira sempre foi essa.

Num dos capítulos deste livro, Samuel Pessôa e Marcos Lisboa escrevem que você, de certa forma, antecipou a famosa Regra de Taylor, que relaciona a reação da taxa de juro nominal, determinada pelo banco central, a mudanças na inflação e no produto.

O Samuel exagera. Eu tinha escrito um artigo com o Ruben Almonacid. Tínhamos a intuição de que a indexação gerava inércia. Se o BC é ineficaz em segurar a inflação, e se há indexação, o melhor previsor da inflação futura é a inflação passada, como em um *random walk*.[39] A questão é fazer uma política monetária suficientemente contracionista para poder romper isso. Depois que saí do BC, por volta de 1989, formulei o modelo e saiu uma coisa muito interessante. Se a inflação esperada sobe, eu subo o juro real mais do que a inflação para jogá-la para baixo, mas eu nunca passei isso para a taxa de juros nominal, sempre usei a real. O trabalho do Taylor é de 1993.[40] O

38 Centro de Debate de Políticas Públicas, think tank em São Paulo do qual Pastore é participante.

39 Passeio aleatório, a expressão é usada para caracterizar a situação descrita.

40 A Regra de Taylor determina que, para cada ponto percentual de alta da inflação, o BC tende a subir a taxa de juros nominal em mais de um ponto percentual.

Samuel pegou meu trabalho, passou para a taxa nominal e disse que ficava igual à Regra de Taylor. Não tenho dúvida de que o motivo que levou o Taylor a formular sua regra foi o mesmo que me levou a raciocinar desse jeito: a base é formular uma regra com realimentação para o comportamento da variável que é o instrumento, e que leva a uma trajetória desejada da variável que é o objetivo da política econômica. No meu período no BC, a inflação estava em 100%. Como já mencionei, se eu tivesse que reduzir o coeficiente da inércia inflacionária de 0,9 para 0,5, o desvio da taxa real para a neutra tinha que ser de dez vezes a expectativa de inflação. Era absolutamente impossível. Só há uma solução: a reforma monetária que remova a indexação e que dê ao BC o poder de estabelecer uma âncora nominal que garanta o controle da inflação. Mas até a gente descobrir qual era a reforma monetária factível para tirar a indexação, e qual seria a âncora adequada, fizemos várias tentativas falhas no meio do caminho.

Você se refere aos planos heterodoxos?

Sim, o erro dos planos heterodoxos era o de achar que a inflação era só inercial. Não tem moeda, não tem parte fiscal, não tem nada. Em resumo, não me lembro de nenhum plano heterodoxo que tenha feito qualquer menção à necessidade de ter uma âncora nominal que permitisse manter a inflação sob controle. A crença era de que a inflação está lá somente porque tem a indexação. Se eu congelar preço e acabar com a indexação, acaba a inflação: isso foram o Plano Cruzado, o Plano Bresser I, o Plano Bresser II, o Plano Verão. Foi uma sequência. Aí vem um grupo e diz: "Não, eu tenho que tirar toda a liquidez da economia". É o Plano Collor. Depois vem Plano Collor II. Foram tentativas com visões incompletas sobre qual era a natureza do problema. Depois surgiu a ideia da moeda indexada, que nada mais é do que uma aproximação da dolarização, segundo a visão do [Persio] Arida e do [André] Lara Resende.[41] A verdadeira solução do Plano Real foi uma combinação da URV, de início, com uma dupla âncora, monetária e cambial. Na minha visão, o Gustavo Franco foi o grande responsável pelo sucesso da formulação final do Plano Real. Com a criação da URV,[42] foi tudo instantâneo: na hora de passar da URV para o real, não teve todo aquele problema de tablita. Mas tudo isso foi um longo processo de tentativa e erro. Com o Plano Real, foi possível surgir pela primeira vez uma política monetária de verdade no Brasil. É verdade que, por um período, teve âncora cambial com controle de capitais, mas também havia controle monetário. Mas tinha desajuste fiscal, e um mundo cheio de choques em cima de regimes de câmbio fixo, crise asiática, crise da Rússia, crise do Long Term Capital Management.[43] Uma hora esse regime inicial do Plano Real ia morrer, ia haver um ataque especulativo, como acabou ocorrendo.

Como foi esse episódio?

O ataque especulativo no Brasil[44] começou logo depois do desembolso da privatização da Telebrás, com o qual as reservas internacionais foram para US$ 70 bilhões. Num curto período as reservas caíram para US$ 30 bilhões. Naquela época, eu estava dando um curso de macro em economia aberta e discutia os modelos de ataques especulativos, que mostram que um ataque dessa natureza pode ocorrer mesmo que as

41 Responsáveis pelo paper que lançou a base teórica do Plano Real.

42 Unidade real de valor, moeda indexada da fase inicial de transição do Plano Real.

43 LTCM, grande fundo que quebrou, com risco sistêmicos, e obrigou o Fed a coordenar uma operação de salvamento.

44 Em 1998, durando até o início de 1999, quando houve a flutuação do real.

reservas sejam muito altas. Basta que se violem certos fundamentos do modelo, como a combinação do câmbio fixo com expansão fiscal. Quando acabou o câmbio fixo, fomos para as metas de inflação [em 1999]. E foi aí que de fato chegamos num regime econômico que gera estabilidade, embora a parte monetária, obviamente, tivesse ficado melhor que a fiscal.

A parte fiscal sempre foi o ponto fraco da política econômica, mesmo pós-Plano Real?

Na verdade, houve tentativas importantes de acertar o lado fiscal, como o Fundo Social de Emergência[45] e a Lei de Responsabilidade Fiscal.[46] Mas o problema fiscal fundamental, de crescimento contínuo de despesas que herdamos da Constituição de 1988, não acabou. Toureamos esse problema com o aumento de receita, até chegar num ponto insustentável, e agora temos que enfrentar reformas para chegar a uma solução mais consistente. De certa forma, esses anos do aprendizado foram como se a gente tivesse voltado para a Idade Média em matéria de economia. O conhecimento econômico que estava por trás de cada um daqueles planos heterodoxos era uma coisa absolutamente rudimentar. A única tentativa que foi um plano mesmo foi o Real. Ali você tinha um diagnóstico, uma coisa bem-feita, e funcionou.

Você fez toda a sua carreira lutando pela racionalidade na política econômica brasileira. Como vê hoje as perspectivas econômicas do Brasil?

Nós não temos condição de voltar a crescer naquele ritmo

---

45 Desvinculação parcial de receitas, prévia ao Plano Real.
46 Aprovada em 2000.

de 7% a 8% do passado,[47] porque foi um tempo de mudança estrutural na economia, com bônus demográfico e uma porção de outras coisas favoráveis. Nós deixamos passar oportunidades que países como Coreia do Sul e Cingapura não deixaram. Crescimento econômico é crescimento de produtividade do trabalho. Crescimento de produtividade do trabalho ou é aumento de densidade de capital por trabalhador ou é aumento de PTF.[48] Aumento de PTF é mudança estrutural na economia, com infraestrutura, abertura econômica e eficiência na alocação de recursos. E aumento de densidade de capital é ter regras que permitam o setor privado investir mais. Se houver uma mudança estrutural na população, o tal do bônus demográfico, o crescimento de renda per capita é maior do que o crescimento da produtividade do trabalho. Nós deixamos passar essa oportunidade, crescemos pouco apesar dessa enorme contribuição. Ignoramos as reformas que tínhamos que fazer para poder aumentar a produtividade. Mais do que isso, o bônus deixou uma herança que se vê agora na aposentadoria. Nós ignoramos o envelhecimento da população. Deixa para depois. O depois chegou. Uma terceira coisa é o capital humano. As histórias de países com sucesso no desenvolvimento atestam a importância do capital humano. Com o aumento do capital humano, aumentam-se a taxa de retorno sobre o capital físico e a taxa de retorno sobre o investimento em tecnologia. No passado deixamos passar a oportunidade de ter seguido esse caminho. Talvez no capital humano ainda se possa fazer uma correção. Mas o bônus demográfico foi embora. E as reformas hoje são muito mais custosas e muito mais difíceis de ser feitas. Quando isso acontece, estamos

47 Alguns períodos anteriores aos anos 1980.

48 Produtividade total dos fatores.

condenados a crescer menos do que poderíamos. O potencial do Brasil será permanentemente mais baixo do que seria se tivéssemos feito tudo isso antes. Nós temos um legado negativo em cima da economia brasileira que, infelizmente, é muito grande.

SOBRE AFFONSO CELSO PASTORE

Nascido em São Paulo em 1939, Affonso Celso formou-se em economia na então Faculdade de Ciências Econômicas e Administrativas da Universidade de São Paulo (atual FEA-USP) em 1961. Em 1969, concluiu seu doutorado pela FEA com a tese *A resposta da produção agrícola aos preços no Brasil*.

Em 1966, tornou-se assessor do secretário da Fazenda do Estado de São Paulo, Antonio Delfim Netto, que havia sido seu professor na USP. No ano seguinte integrou a equipe de Delfim Netto quando este tornou-se ministro da Fazenda.

Em meados da década de 1970, esteve envolvido com o National Bureau of Economic Research (NBER), participando do Comitê Organizador de Seminários na América Latina. Assumiu em 1976 o cargo de professor adjunto de econometria da FEA-USP, após ser aprovado em concurso. Em 1978 tornou-se professor titular e, no ano seguinte, iniciou mais um cargo na vida pública, como secretário dos Negócios da Fazenda de São Paulo.

Seu maior desafio na vida pública deu-se entre agosto de 1983 e março de 1985, quando foi presidente do Banco Central e enfrentou as negociações da dívida externa.

De volta à vida privada, deu início à sua consultoria, a A.C. Pastore & Associados, em atividade até hoje. Fora do governo, Pastore tornou-se um dos mais respeitados analistas da política econômica nacional, com vasta produção acadêmica e presença no debate público, por meio de colaborações para a imprensa e participações em fóruns econômicos.

Em 1999, começou a dar aulas como professor titular da Escola Brasileira de Economia e Finanças da Fundação Getulio Vargas (FGV EPGE), função que exerceu paralelamente à consultoria por alguns anos. Além das atividades na A.C. Pastore & Associados, participa ativamente do Centro de Debate de Políticas Públicas (CDPP), do qual é um dos fundadores.

SOBRE OS AUTORES E ORGANIZADORES

ANTONIO DELFIM NETTO é economista formado pela FEA-USP e professor emérito da mesma instituição. Foi secretário da Fazenda do Estado de São Paulo (1966-7), ministro da Fazenda (1967-74), da Agricultura (mar.-ago. 1979) e do Planejamento (1979-85) e embaixador do Brasil na França (1975-7). Deputado federal (SP) por vinte anos, exerceu a presidência das Comissões de Finanças e Tributação e de Fiscalização Financeira e Controle. Também foi titular da Comissão de Desenvolvimento Econômico, Indústria e Comércio.

ARMINIO FRAGA NETO é fundador da Gávea Investimentos (2003) e do Instituto de Estudos para Políticas de Saúde (2019). Foi presidente do Banco Central e diretor da Soros Fund Management. É membro do Group of Thirty e colunista da *Folha de S.Paulo*. Foi *trustee* da Universidade Princeton, onde concluiu seu ph.D. e lecionou na PUC-Rio, na FGV EPGE, em Columbia (SIPA) e na Wharton School.

CELSO LAFER foi ministro das Relações Exteriores (1992; 2001-2) e presidente da Fapesp (2007-15). Na Faculdade de Direito da USP, da qual foi professor titular e hoje é professor emérito, lecionou, de 1971 a 2011, direito internacional e filosofia do direito. Obteve seu ph.D. em ciência política na Universidade de Cornell.

EDMAR BACHA formou-se bacharel em economia pela UFMG e obteve seu ph.D. em economia pela Universidade de Yale. É diretor do Instituto de Estudos de Política Econômica da Casa das Garças e membro das Academias Brasileiras de Ciências e de Letras. Foi membro da equipe do Plano Real, presidente do BNDES, do IBGE e da Anbid. Lecionou economia na UFRJ, PUC-Rio, UnB e FGV EPGE e atuou como professor visitante de economia em Columbia, Yale, Berkeley e Stanford.

FERNANDO DANTAS é formado em jornalismo pela PUC-Rio. Desde 2013, é colunista do Broadcast e da Agência Estado, e consultor de comunicação do FGV Ibre. Trabalhou na *Gazeta Mercantil* — da qual foi correspondente em Londres de 1998 a 2000, entre outros cargos — e no *Estadão*, como repórter especial entre 2000 e 2013.

ILAN GOLDFAJN é doutor em economia pelo Massachusetts Institute of Technology. Foi presidente do Banco Central do Brasil até março de 2019. Em 2018, foi eleito o melhor banqueiro central do mundo pela revista *The Banker* (do *Financial Times*). Atualmente é presidente do conselho do Credit Suisse no Brasil e diretor do Centro de Debate de Políticas Públicas (CDPP). Ao longo da carreira, lecionou na Pontifícia Universidade Católica (PUC) e na Universidade Brandeis (EUA), foi economista-chefe e sócio do Itaú Unibanco, sócio da Gávea Investimentos e economista do Fundo Monetário Internacional.

JOSÉ JÚLIO SENNA é ph.D. em economia pela The Johns Hopkins University. Foi professor da Escola Brasileira de Economia e Finanças (FGV EPGE) e diretor-executivo dos bancos Boavista, BBM e Graphus. Foi também diretor do Banco Central e sócio-diretor da MCM Consultores Associados. Atualmente é chefe do Centro de Estudos Monetários do FGV Ibre e consultor associado da MCM. Publicou, entre outros, os livros *Os parceiros do rei* (Topbooks, 1995) e *Política monetária: Ideias, experiências e evolução* (FGV, 2010).

MARCOS LISBOA é doutor em economia pela Universidade da Pensilvânia, foi secretário de Política Econômica do Ministério da Fazenda, presidente do IRB Brasil RE e vice-presidente do Itaú Unibanco. Desde 2015 atua como presidente do Insper.

MÁRIO MAGALHÃES MESQUITA possui doutorado em economia pela Universidade de Oxford. É sócio, economista-chefe e chefe de pesquisa do Itaú Unibanco, maior banco do setor privado do Brasil. Atuou no Fundo Monetário Internacional e foi sócio no Banco Brasil Plural, diretor de Política Econômica no Banco Central do Brasil, economista-chefe do ABN AMRO e diretor de economia da Federação Brasileira de Bancos (Febraban).

SAMUEL PESSÔA é mestre em física e doutor em economia, ambos pela USP, pesquisador associado do FGV Ibre e diretor da JBFO, além de colunista do caderno de mercado da *Folha de S.Paulo*. Foi assessor do senador Tasso Jereissati, de 2003 a 2010, e professor do IE-Unicamp, da FEA-USP e da EPGE.

TIPOLOGIA Miller e Akzidenz
DIAGRAMAÇÃO acomte
PAPEL Pólen Soft, Suzano S.A.
IMPRESSÃO Lis Gráfica, junho de 2020

FSC
www.fsc.org
MISTO
Papel produzido a partir de fontes responsáveis
FSC® C112738

A marca FSC® é a garantia de que a madeira utilizada na fabricação do papel deste livro provém de florestas que foram gerenciadas de maneira ambientalmente correta, socialmente justa e economicamente viável, além de outras fontes de origem controlada.